praxis

Wirtschaft und Beruf 6

Bayern

Autoren
Roland Dörfler
Herbert Dröse
Andreas Gmelch †
Josef Moser
Helmut Nicklas

westermann

Zum Schülerband erscheinen:
Materialien für Lehrerinnen und Lehrer, ISBN 978-3-14-116390-2

BiBox – Digitale Unterrichtsmaterialien
Lehrer-Einzellizenz, WEB-14-116402-2
Lehrer-Einzellizenz (auf DVD-ROM), ISBN 978-3-14-116396-4
Lehrer-Kollegiumslizenz, WEB-14-116408-4
Schüler-Einzellizenz, WEB-14-101791-5
Nähere Informationen unter www.bibox.schule

© 2017 Westermann Bildungsmedien Verlag GmbH, Georg-Westermann-Allee 66, 38104 Braunschweig
www.westermann.de

Das Werk und seine Teile sind urheberrechtlich geschützt. Jede Nutzung in anderen als den gesetzlich zugelassenen bzw. vertraglich zugestandenen Fällen bedarf der vorherigen schriftlichen Einwilligung des Verlages.

Druck A³ / Jahr 2024
Alle Drucke der Serie A sind inhaltlich unverändert.

Redaktion: Marion Martens
Umschlaggestaltung/Layout: Janssen Kahlert Design & Kommunikation, Hannover
Druck und Bindung: Westermann Druck GmbH, Georg-Westermann-Allee 66, 38104 Braunschweig

ISBN 978-3-14-**116384**-1

INHALTSVERZEICHNIS

Arbeit im Haushalt — 6

Wie unterschiedlich sind Haushalte?	8
Welche Arbeiten werden im Haushalt erledigt?	12
Hausarbeit im Mehrpersonenhaushalt	14
Ist das auch Arbeit?	15
Wie wird der Haushalt gemanagt?	16
Rollenspiel	18
Wie wird Hausarbeit entlohnt?	19
Wie wichtig ist Nichterwerbsarbeit?	20
Was heißt haushalten?	21
Wie erforschen wir Arbeit im Haushalt?	22
Die Arbeitsplatzerkundung im Haushalt	23
Wie wird Hausarbeit verantwortungsvoll ausgeführt?	26
Sozial verträgliche Arbeitsteilung	26
Gesundheitlich verträgliche Arbeit	27
Karikaturen auswerten	28
Ergonomie im Haushalt	30
Ökologische Verantwortung bei der Hausarbeit	32
Umweltschonende Produkte	33
Sparsamer Wasser- und Energieverbrauch im Haushalt	34
Präsentation	35
Lernbilanz	37

Berufsorientierung — 38

Interessen und Erwartungen	39
Interessen und Hobbys – Wegweiser zum Beruf	39
Erwartungen an meinen Beruf	39
Stärken und Schwächen verändern sich	40
Wie erkenne ich meine Stärken und Schwächen?	42
Wie geht es für dich nach der 6. Klasse weiter?	44
Welche Schulabschlüsse sind möglich?	44
Der M-Zug – was ist das?	45
Welchen neuen Fächern begegnest du in der 7. Klasse?	46
Wirtschaftsschule und Realschule	47

Geld und Konsum 48

Woher bekommen Kinder ihr Geld? 50
    Welche Einnahmequellen haben Kinder? 50
    Das Taschengeld aufbessern – aber richtig 51
Wie gehe ich mit Geld um? 52
Wofür geben Kinder Geld aus? 53
    ⚙ Eine Grafik oder ein Diagramm auswerten. 54
    ⚙ Eine Befragung durchführen. 55
Warum sind Kinder begehrte Konsumenten? 56
    Welche Rolle spielen Marken? 57
Wie komme ich mit meinem Geld zurecht? 58
Wer unterstützt den Verbraucher? 61
Wann bist du ein verantwortungsbewusster Käufer? 62
Wozu Taschengeld? Geht es auch ohne? 64
Bist du schon alt genug zum Geld ausgeben? 66
Wie würdest du entscheiden? 68
Wie kommt ein Kaufvertrag zustande? 70
Was musst du über Online-Geschäfte wissen? 72
Warum müssen Kinder und Jugendliche geschützt werden? . . 74
Lernbilanz 77

Mensch und Technik 78

Bedeutung der Technik für den Menschen 80
Wie hat sich die Rolle des Menschen bei
seiner Arbeit verändert? 82
    Vom „Handarbeiter" zum „Handwerker". 82
    Vom „Handwerker" zum „Bediener" 83
    Maschinen ersetzen den Menschen am Arbeitsplatz 84
    ⚙ Wir diskutieren Pro und Kontra 86
Projekt Pinnwand. 88
Wir führen eine Technikerkundung durch 90
    Leittext zur Technikerkundung 91
    ⚙ Technikerkundung in einem Betrieb 92
Erkundung in einem Museum 94
Leittext: Arbeitsplätze früher und heute 95
Welche Bedeutung hat die Technikentwicklung
für die Menschen? 96
Wie wirken Mensch und Maschine im
Arbeitsprozess zusammen? 97
Technik und Energie am Arbeitsplatz 98
    Energiegewinnung durch moderne Technik 98
    Wie hilft moderne Technik beim Energiesparen? 99
Lernbilanz 100

Glossar 102
Stichwortverzeichnis 103
Bildquellenverzeichnis 104

Im Schülerband wird oft nur die männliche Form genannt, damit die Texte lesbarer sind. Männer und Frauen/Jungs und Mädchen sind natürlich gleichermaßen gemeint.

Arbeit im Haushalt

In diesem Kapitel lernt ihr:

> unterschiedliche Haushaltsformen zu unterscheiden,
> zu beurteilen, wie die anfallenden Aufgaben im Haushalt bewältigt werden,
> welche Arbeiten im Haushalt erledigt werden müssen,
> einzuschätzen, was die Hausarbeit wert ist,
> was man beim Haushalten können muss,
> wie eine Arbeitsplatzerkundung im Haushalt durchgeführt werden kann,
> zu begründen und zu beurteilen, was bei einer verantwortungsvoll ausgeführten Hausarbeit zu beachten ist.

ARBEIT IM HAUSHALT

- Einpersonenhaushalt
- Mehrpersonenhaushalt
- Mehrgenerationenhaushalt

- materielle Hausarbeit
- Erziehungsarbeit
- Pflegearbeit
- Beziehungsarbeit

Arbeit im Haushalt

- Wert von Hausarbeit
- Erwerbsarbeit und Nichterwerbsarbeit

- Arbeitsteilung
- Arbeitsplanung
- Arbeitsbelastung

▸ Unterschiedliche Haushaltsformen

Wie unterschiedlich sind Haushalte?

Single-Haushalt:
Single heißt einzeln. Der Begriff Single-Haushalt ist also gleichbedeutend mit Einpersonenhaushalt.

Lisa, 23 Jahre, hat den Beruf der Industriemechanikerin erlernt. Nach Abschluss ihrer Berufsausbildung blieb sie noch vier Jahre in ihrem Ausbildungsbetrieb. Da sie hier aber kaum Aufstiegsmöglichkeiten sieht, wechselt sie in ein größeres Unternehmen, 120 Kilometer von ihrem Heimatort entfernt.

Lisa zieht aus der elterlichen Wohnung aus. Sie mietet eine kleine eigene Wohnung an ihrem neuen Arbeitsort. Ab jetzt muss sie sich in ihrem eigenen Haushalt selbst versorgen: Sie putzt, wäscht, bügelt, kocht und erledigt alle notwendigen Besorgungen.

Prozent:
36 % heißt: 36 von jeweils 100 Haushalten in Bayern sind Single-Haushalte.

Lisa lebt das erste Mal in ihrem Leben selbstständig und eigenverantwortlich. Darauf hat sie sich gefreut. Allerdings merkt sie, dass diese Situation manchmal auch belastend ist, weil sie sich wirklich um alles alleine kümmern muss.

INFO
Diese Haushaltsform heißt Einpersonenhaushalt.

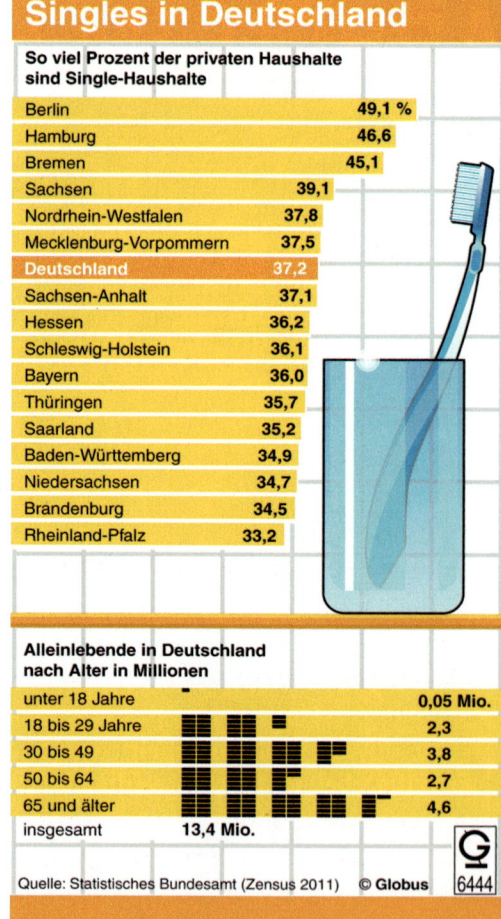

1. Lisa erledigt „alle notwendigen Besorgungen." Was ist damit gemeint?
2. In München sind ungefähr 54 % der Haushalte Single-Haushalte. Recherchiert dazu die Werte in eurem Wohnort oder Schulort. Vergleicht und beurteilt Gründe für Gemeinsamkeiten oder Unterschiede.

▸ Tobias spielt Computer.

▸ Frau Fischer berät Kunden im Büro.

▸ Herr Fischer arbeitet in der Werkstatt.

▸ Frau Fischer arbeitet im Haushalt.

Lisa hat noch zwei jüngere Geschwister: Tobias, 17 Jahre, macht zurzeit eine Ausbildung als Landschaftsgärtner und Sabrina, 13 Jahre, besucht die 8. Klasse der Mittelschule. Beide wohnen bei ihren Eltern Renate und Manfred Fischer.

Manfred Fischer (45) arbeitet als Kfz-Mechatroniker in einer Kraftfahrzeugwerkstatt. Er geht jeden Tag nach dem Frühstück um kurz vor 7 Uhr aus dem Haus. Seine Arbeitszeit beginnt um 7:30 Uhr. Für die Frühstückspause nimmt er sich belegte Brote mit. Mittags nutzt er oft das Angebot eines nahe gelegenen Imbissstandes. Herr Fischer legt Wert darauf, dass zum Abendessen um etwa 19 Uhr die Familie gemeinsam am Tisch sitzt.

Frau Fischer (44) hat den Beruf der Bürokauffrau erlernt. Sie arbeitet vormittags in einem Versicherungsbüro. Ihre Teilzeitarbeit kann sie gut mit ihren Aufgaben im Haushalt vereinbaren. Sie arbeitet täglich von 7:30 bis 12:00 Uhr. Auf dem Heimweg von der Arbeit erledigt sie regelmäßig die aktuell nötigen Einkäufe. Am Nachmittag nutzt sie die Zeit für Arbeiten im Haushalt und zur Vorbereitung des Abendessens.

INFO

Familie Fischer lebt in einem Mehrpersonenhaushalt.

1. Warum legt Herr Fischer Wert auf das gemeinsame Abendessen?
2. Notiere weitere Möglichkeiten für gemeinsame Aktivitäten der Familie Fischer.

Arbeit im Haushalt

▸ Hochzeitspaar

▸ Doreen und Joachim

Prozent:
31 % heißt: 31 von jeweils 100 Haushalten sind Zweipersonenhaushalte.

Eine Sonderform der Mehrpersonenhaushalte ist der **Zweipersonenhaushalt**. Die Anzahl dieser Haushaltsform nahm in den letzten Jahrzehnten zu, ähnlich wie die der Single-Haushalte. Auch für die Zukunft wird ein weiterer Anstieg vorhergesagt. Warum ist dies so?

Beispiel 1
Joachim und Doreen sind seit einem halben Jahr verheiratet. Sie haben eine eigene 3-Zimmer-Wohnung bezogen. Beide sind ganztägig berufstätig. Sie wollen ihren Beruf noch ein paar Jahre lang ausüben, bevor sie planen, Kinder zu bekommen. In dieser Zeit möchten sie sich für ihren Haushalt noch einiges anschaffen und gemeinsame Urlaubsreisen unternehmen. Außerdem sparen sie regelmäßig mit einem Bausparvertrag, denn ihr Wunschtraum ist ein eigenes kleines Reihenhaus.

Mehr Haushalte, weniger Familien

Zahl der privaten Haushalte in Deutschland in Millionen

1991	2001	2011	2020	2030
35,7 Mio.	38,6	40,5	41,3	41,5

	1991	2011	2030
Haushalte mit einer Person	34 %	41	43
zwei Personen	31 %	34	37
drei Personen	17 %	12	10
vier und mehr Personen	18 %	13	10

Quelle: Bundesinstitut für Bau-, Stadt- und Raumforschung   ab 2020 Prognose

Darüber gibt das Schaubild keine Auskunft. Die Gründe für den Zuwachs bei den Zweipersonenhaushalten sind vielfältig. Drei Beispiele sollen dies verdeutlichen.

▸ Doreen und Joachim planen.

Prognose:
Vorhersage, Vorausberechnung

1. Erstelle für 2030 (<u>Prognose</u>) ein 100-Kästchen-Feld und färbe die entsprechende Anzahl der Kästchen für die unterschiedlichen Haushaltsformen richtig ein.

2. Joachim und Doreen sind beide ganztägig berufstätig. Wie wirkt sich dies auf die Hausarbeit aus?

▸ Manuela und Andrej ▸ Stefanie und Helmut ▸ Familie Tasdelen

Beispiel 2

Manuela und Andrej, beide 43 Jahre, sind seit 15 Jahren verheiratet. „Wir haben keine Kinder. Es hat sich einfach nicht ergeben, weil wir beide im Beruf stark eingebunden sind." Die berufliche Karriere der beiden verlief sehr erfolgreich. Andrej ist leitender Angestellter in einem führenden Elektrounternehmen, Manuela arbeitet als Oberärztin am Klinikum. Wegen der starken beruflichen Belastung lassen sie einige Hausarbeiten von anderen Personen erledigen. Dazu zählen Gartenarbeiten und Reinigungsarbeiten im gemieteten Haus. Außerdem gehen sie in ihrer Freizeit gerne in gute Restaurants.

Beispiel 3

„Unsere Kinderzimmer sind ungenutzt, weil unsere zwei Kinder schon lange außer Haus sind", beschreibt Stefanie ihren Haushalt, den sie gemeinsam mit ihrem Mann Helmut führt. Beide sind bereits in Rente und widmen sich ihren Hobbys, nachdem sie gemeinsam die anfallenden Arbeiten im Haushalt erledigt haben.

Stefanie bearbeitet ihre Landschaftsfotos am PC und erstellt hochwertige Fotokalender, mit denen sie bereits Verkaufserfolge erzielt hat.

Helmut musiziert in einer Bigband. Sein Lieblingsinstrument ist das Saxophon. Dieses beherrscht er hervorragend, weil er täglich fleißig übt.

Mehrgenerationenhaushalt

In der Nachbarschaft der Familie Fischer wohnen ihre langjährigen Freunde: Das Ehepaar Tasdelen hat vier Kinder, die alle noch zur Schule gehen. Frau Tasdelen ist froh, dass ihre Eltern bei Ihnen im gleichen Haus leben. Die Großeltern helfen gerne bei der Betreuung der Enkelkinder und übernehmen auch viele Aufgaben im Haushalt.

> **INFO**
> Familie Tasdelen lebt in einem Mehrgenerationenhaushalt.

Egal, wie viele Personen beteiligt sind:

> **INFO**
> In einem Haushalt müssen alle anfallenden Aufgaben organisiert und bewältigt werden.

---

1. Die Organisation des Haushalts von Manuela und Andrej ist nicht alltäglich. Beschreibt die Besonderheiten und begründet, warum dies so ist.
2. Erstellt in Partnerarbeit eine Tabelle, in der ihr Vor- und Nachteile der unterschiedlichen Haushaltsformen gegenübergestellt.

▸ Verschiedene Arbeiten: Frühstück zubereiten, Spülmaschine befüllen, Einkaufen gehen.

Welche Arbeiten werden im Haushalt erledigt?

In jedem Haushalt fallen Arbeiten an, die erledigt werden müssen. Das ist auch bei Lisa so.

Ihr Tagesablauf ist genau geregelt. Sie steht jeden Tag um 6:30 Uhr auf. Als erstes schaltet sie die Kaffeemaschine an. In der Zeit bis der Kaffee fertig ist, wäscht sie sich und zieht sich an. Jetzt holt sie die Zeitung aus dem Briefkasten. Anschließend streicht sie die Frühstücksbrote und füllt eine Schale mit Müsli und Joghurt. Im Bad und im Schlafzimmer öffnet sie die Fenster zum Lüften. Während des Frühstücks überfliegt sie die Zeitung. Sie räumt das gebrauchte Geschirr in die Spülmaschine, stellt die Lebensmittel zurück in den Kühlschrank bzw. in den Brotkasten, schließt die Fenster und begibt sich auf den Weg zur Arbeit.

Wenn sie am Abend von ihrem Arbeitsplatz nach Hause kommt, kann sie sich nicht ausruhen. Bereits auf dem Heimweg kauft sie die Dinge ein, die sie für die Zubereitung des Abendessens und für das Frühstück am nächsten Morgen benötigt. Großeinkäufe im Supermarkt oder beim Discounter erledigt sie am Wochenende.

Lisa ist es gewohnt, abends selbst zu kochen. Die Zeit dafür ist ihr nicht zu schade. „Zwischendurch esse ich schon mal einen Burger, aber ich liebe den Geschmack von frisch zubereiteten Speisen."

▸ Lisa mag frisch zubereitete Speisen.

→ **Starthilfe zu 2:**

Projektorientiert arbeitet ihr mit folgenden Teilschritten:
- planen
- recherchieren
- durchführen
- dokumentieren
- präsentieren
- reflektieren

1. Wie würdest du dir deinen Tagesablauf wünschen, wenn du selbst einmal einen eigenen Haushalt führst?

2. In einem Einpersonenhaushalt benötigt man geringere Mengen für die Zubereitung einer Mahlzeit. Dennoch sind die Kosten (pro Person) meist höher. Findet geeignete Beispiele. Bearbeitet das Thema projektorientiert.

▶ Lisas Helfer im Haushalt

Lisa schafft ihre Arbeit im Haushalt leichter, weil sie technische Geräte nutzt, die ihr als „Helfer" dienen. So spart sie Kraft und Zeit. Manche Arbeiten können gleichzeitig ausgeführt werden, z. B. kann Lisa andere Aufgaben erledigen, während die Waschmaschine läuft.

Nach dem Abendessen setzt sie sich erst einmal gemütlich auf ihr Sofa und sieht sich die Nachrichtensendung im Fernsehen an.
An manchen Abenden muss sie aber noch weitere Aufgaben im Haushalt erledigen:
– Wäsche waschen,
– bügeln,
– staubsaugen,
– Fenster putzen,
– aufräumen,
– Bankgeschäfte erledigen,
– Post bearbeiten.

▶ Nach getaner Arbeit

> **INFO**
>
> In einem Einpersonenhaushalt müssen alle anfallenden Arbeiten in der Regel von einer Person erledigt werden.

▸ Herr Fischer repariert den Rasenmäher.

▸ Sabrina repariert ihr Fahrrad.

▸ Frau Fischer pflegt die Zimmerpflanzen.

▸ Die Familie arbeitet im Garten.

▸ Tobias mäht den Rasen.

▸ Sabrina kontrolliert den Ölstand.

Hausarbeit im Mehrpersonenhaushalt

Im Haushalt von Lisas Eltern leben noch vier Personen zusammen. Es fallen die gleichen Arbeiten wie bei Lisas Einpersonenhaushalt an, allerdings meist in vierfacher Menge. Darüber hinaus gibt es noch viele weitere Aufgaben. Die gezeigten Aufgaben werden an Dingen des Haushalts verrichtet. Deshalb sprechen wir von **materieller Hausarbeit**.

> **INFO**
>
> In einem Mehrpersonenhaushalt werden alle anfallenden Arbeiten in der Regel von den verschiedenen Mitgliedern des Haushalts erledigt.

→ **Starthilfe zu 2:**
Fange z. B. so an: Weil ich lieber …, erledige ich die Aufgabe (nicht sehr) gerne: …

→ **Starthilfe zu 3:**
Fange z. B. so an: Wenn wir die Aufgaben im Haushalt durchwechseln, dann ist das gut/schlecht, weil…

1. Wer übernimmt in eurem Haushalt welche Aufgaben? Legt eine Tabelle an.
2. Welche Aufgaben erledigst du gerne, welche nicht so gerne? Begründe.
3. Macht es Sinn, die Aufgaben zwischen den einzelnen Haushaltsmitgliedern durchzuwechseln? Finde Argumente (Begründungen) dafür und dagegen.

▸ Sabrinas Vater spendet Trost.

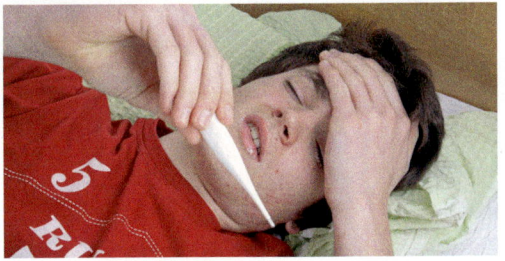
▸ Tobias hat Grippe und braucht Pflege.

▸ Herr Fischer kontrolliert später die Hausaufgaben.

Ist das auch Arbeit?

Aus den Bildern zu der materiellen Hausarbeit im Haushalt der Familie Fischer erkennst du sofort, dass dabei Arbeit geleistet wird. Denn aus dem letzten Schuljahr weißt du noch:

> **INFO**
>
> Arbeit ist planvoll, bewusst und zielgerichtet. Sie findet an verschiedenen Arbeitsplätzen statt und ist anstrengend und belastend.

Wie sieht es mit den folgenden weiteren Aufgaben im Haushalt der Familie Fischer aus?

Die Beziehungen zwischen den Haushaltsmitgliedern sind normalerweise sehr eng. Es besteht ein gegenseitiges Vertrauen. Man muss sich auf den anderen verlassen können. Für ein harmonisches Zusammenleben müssen diese Beziehungen gepflegt werden.

Weil diese Tätigkeiten die Merkmale von Arbeit erfüllen, sprechen wir von **Beziehungsarbeit**.

Renate und Manfred Fischer wollen, dass ihre Kinder „anständige" Erwachsene werden, die sich sicher in allen Lebenssituationen verhalten können. Sie halten sie an, bestimmte Regeln des Zusammenlebens einzuhalten wie Höflichkeit, Anstand, Umgangsformen, Zuverlässigkeit, Ehrlichkeit und Pflichterfüllung. Mit Geduld und Nachsicht leisten sie hier **Erziehungsarbeit**.

Renate Fischer kümmert sich um ihren kranken Sohn Tobias. Sie pflegt ihn gesund, sie leistet **Pflegearbeit**.

Die gezeigten Aufgaben werden an und für Menschen verrichtet. Wir sprechen von **immaterieller Hausarbeit**.

1. Zeige an Beispielen, dass immaterielle Hausarbeit die Merkmale von Arbeit erfüllt. Tauscht euch dazu in der Gruppe aus.
2. Die Belastung durch immaterielle Hausarbeit wird oft unterschätzt. Warum? Tauscht euch dazu in der Gruppe aus.

▶ Frau Tasdelen putzt Fenster, kocht Mittagessen, plant den Einkauf.

Wie wird der Haushalt gemanagt?

Die Nachbarn Herr Fischer und Herr Tasdelen treffen sich am Wochenende am gemeinsamen Gartenzaun. Sie unterhalten sich über ihre Familien.

Herr Fischer: „Seitdem meine Frau wieder halbtags arbeitet, sagt sie, dass es ihr besser geht, weil ihr zuhause nicht mehr die Decke auf den Kopf fällt."

Herr Tasdelen: „Das ist bei meiner Frau noch nicht möglich mit unseren vier Kindern. Sie arbeitet nicht – und trotzdem wird es ihr nicht langweilig!"

Herr Fischer: „Was macht sie denn den ganzen Tag?"

Frau Tasdelen hat im Hintergrund das Gespräch mitbekommen und protestiert laut: „Von wegen – ich arbeite nicht! Ich habe wirklich den ganzen Tag genug zu arbeiten. Es ist nur so, dass keiner richtig sieht, was ich alles mache! Eigentlich bin ich eine Managerin in einem Familienunternehmen. Ich habe mir vor einiger Zeit mal die Mühe gemacht, aufzuschreiben, was ich tagtäglich an Arbeiten erledige. Allein für die Arbeiten rund ums Frühstück habe ich schon einen Zettel vollgeschrieben."

Arbeiten rund ums Frühstück

– Tisch decken
– Wasserkocher füllen und einschalten
– Kaffeepulver einfüllen
– Kaffeemaschine anschalten
– Tee mit heißem Wasser übergießen
– Müsli herrichten
– Brot schneiden
– Pausenbrote streichen
– …

→ Starthilfe zu 2:
Rollenspiel siehe S. 18.

1. Frau Tasdelen nennt sich „Managerin in einem Familienunternehmen" – wie meint sie das?
2. Spielt im Rollenspiel das Gartenzaungespräch nach und setzt das Gespräch nach euren Ideen fort.

Täglich anfallende Arbeiten im Haushalt	Diese Leistung könnte man auch „kaufen" bei:	Zeit	ungefähre Lohnkosten
Frühstück zubereiten	Hotelfachmann/-frau	30 min	12 € pro Stunde
Tisch abräumen, Spülmaschine einräumen	Hotelfachmann/-frau	10 min	
Schlaf- und Kinderzimmer lüften	Hotelfachmann/-frau	5 min	
Betten machen	Hotelfachmann/-frau	10 min	
Bad aufräumen, Dusche und Waschbecken reinigen	Hotelfachmann/-frau	15 min	
	Zwischensumme	70 min	14,40 €
Einkaufen für den täglichen Bedarf, je nach Essensplan	Koch/Köchin	30 min	12 € pro Stunde
Essen vorbereiten; z. B. Gemüse waschen und schneiden, Salat vorbereiten, Fleisch braten, Nachtisch Obstsalat zubereiten	Koch/Köchin	75 min	
	Zwischensumme	105 min	21,00 €
Rund ums Mittagessen: Tischdecken, Essen auftragen, abtragen, abspülen, Geschirr in die Spülmaschine einräumen,	Restaurantfachmann/-frau	60 min	11 € pro Stunde
	Zwischensumme	60 min	11,00 €
Über die Woche verteilte Arbeiten im Haushalt	Diese Leistung könnte man auch „kaufen" bei:	Zeit	Lohnkosten
Wäsche waschen → sortieren, Maschine füllen, nasse Wäsche aufhängen, Wäsche abnehmen, bügeln und aufräumen	Textilreiniger/-in	120 min	12 € pro Stunde
Wohnung reinigen → Staub wischen, Staub saugen, kehren, Boden wischen, Toiletten reinigen, Schuhe putzen …	Reinigungskraft	240 min	10 € pro Stunde
Kuchen backen	Bäcker/-in/Konditor/-in	45 min	14 € pro Stunde
Großeinkauf im Supermarkt bzw. Discounter	Haushaltshilfe	90 min	10 € pro Stunde
	Zwischensumme	495 min	???? €
Über den Monat verteilte Arbeiten im Haushalt	Diese Leistung könnte man auch „kaufen" bei:	Zeit	Lohnkosten
Fenster putzen	Reinigungskraft	180 min	10 € pro Stunde
Bettwäsche wechseln, waschen und bügeln	Textilreiniger/-in	150 min	12 € pro Stunde
Kehrwoche/Hausordnung	Reinigungskraft	90 min	10 € pro Stunde
	Zwischensumme	420 min	???? €

Abhängig von der Jahreszeit und der Wohnsituation können noch folgende Arbeiten hinzukommen: Schnee räumen, Rasen mähen, Gartenarbeiten. Je nach Familiensituation fallen Aufgaben für die Babypflege und die Betreuung Hilfsbedürftiger an.

1. Berechnet die durchschnittliche Arbeitszeit aus der obigen Darstellung für **eine** Woche und den Wert dieser Arbeit entsprechend der genannten Stundenlöhne.
2. Wie hoch wäre das Monatseinkommen in diesem Fall für die geleistete Hausarbeit?
3. Notiert weitere Arbeiten, die im Haushalt zu unregelmäßigen Zeiten und Anlässen anfallen.

Rollenspiel

In einem Rollenspiel lernst und übst du, in einem Gespräch oder in einer bestimmten Situation passend zu handeln. Dabei versetzt du dich in andere Menschen oder Situationen hinein. Dadurch fällt es dir leichter, andere zu verstehen. Manchmal musst du im Rollenspiel eine bestimmte Rolle übernehmen, obwohl du in Wirklichkeit eigentlich ganz anders handeln würdest.

Wie läuft ein Rollenspiel ab?
Damit das Rollenspiel erfolgreich ist, solltet ihr euch gut vorbereiten.

Schritt ❶
Vorbereitung

Schritt ❷
Durchführung

In einer **Rollenkarte** werden die Eckdaten der Person beschrieben, ihre Einstellungen zur Situation und ihre Zielvorstellungen.
Die Rollenkarte gibt vor, wie die Person gespielt werden soll.

Eine **Szene** ist ein Spielausschnitt in einem Theaterstück oder einem Film.

– Besprecht zunächst kurz das Thema und die Situation, die ihr spielen wollt.
– Hilfreich sind Rollenkarten, die als Grundlage für das Spiel dienen.

Rollenkarte für Frau Tasdelen
– Mutter von vier schulpflichtigen Kindern
– Sie geht keiner Erwerbsarbeit nach.
– Die Großeltern leben im gleichen Haus.
– Sie ist Managerin im „Familienunternehmen".
– Sie sieht ihre Arbeit als zu wenig gewürdigt und möchte dies ändern.

– Legt in der Gruppe fest:
  • Wer spielt wen?
  • Welche Informationen braucht jeder?
  • Welche Argumente sollen in der jeweiligen Rolle vorgebracht werden?
  • Was könnte der Spielpartner darauf antworten?
  • Wie kann darauf wiederum reagiert werden?
  • Verständigt euch über die Spieldauer.
  • Die Zuschauer legen sich Schreibzeug zurecht, um Gesprächsführung und Verhalten der Rollenspieler beobachten und ihre Beobachtungen notieren zu können.

Die ausgewählten Mitschüler spielen die Szene. Alle anderen Schüler beobachten und schreiben auf,
– wie die Beteiligten spielen,
– was gut oder nicht so gut ist,
– ob passende Argumente benutzt werden,
– wie die Spieler sich im Spiel verhalten und
– wie die Spieler aufeinander reagieren.

Schritt ❸
Auswertung

Nach Spielende wertet ihr in der Klasse die Szene aus. Dabei könnt ihr euch z. B. folgende Fragen stellen:
– Wie haben sich die Spieler gefühlt?
– Wurde die Szene so gespielt, wie ihr das erwartet habt? Warum ja? Warum nein?
– Was kann besser gemacht werden?

Nach der Auswertung könnt ihr die Szene nochmals spielen. Vielleicht trauen sich ja jetzt andere Schüler.

▸ Hausarbeit ist vielfältig – aber es gibt keinen Lohn.

Wie wird Hausarbeit entlohnt?

Ihr habt berechnet, welcher Lohn Frau Tasdelen für ihre Arbeit im Haushalt zustünde. Sie arbeitet ja viele Stunden am Tag, bekommt dafür aber keinen Lohn. Ist ihre Arbeit nichts wert?

Frau Tasdelens Tätigkeiten im Haushalt sind notwendig. Der Haushalt würde sonst nicht funktionieren. Es wäre in der Regel auch zu teuer, alle genannten Arbeiten im Haushalt durch Fachkräfte ausführen zu lassen und diese zu bezahlen.

Dennoch ist Frau Tasdelens Arbeit nicht wertlos! Denn sie spart ja die Kosten, weil sie selbst die Aufgaben der Fachkräfte erledigt. Somit trägt sie dazu bei, dass das Haushaltseinkommen ausreicht.

Herr Tasdelen weiß sehr wohl, dass die Arbeit seiner Frau für die Familie viel wert ist. Als das erste Kind unterwegs war, überlegten sich beide, wer von ihnen im Beruf tätig bleibt und wer sich zuhause um die Kinder und den Haushalt kümmert. Sie einigten sich, dass Herr Tasdelen berufstätig bleibt, weil er das deutlich höhere Erwerbseinkommen hatte.

Herr Tasdelen geht also einer **Erwerbsarbeit** nach. Er wird für seine Arbeit entlohnt, erzielt somit ein Erwerbseinkommen, das für die gesamte Familie genutzt wird.

Frau Tasdelen erzielt mit ihrer Tätigkeit im Haushalt kein Einkommen. Ihre Arbeit nennt man **Nichterwerbsarbeit**.

> **INFO**
> Wir unterscheiden Erwerbsarbeit und Nichterwerbsarbeit.

Ich gebe zwar Geld für den täglichen Bedarf aus, aber ich spare auch Haushaltsgeld durch meine Arbeit.

▸ Frau Tasdelen

Wie wirkt es sich auf die Familie Tasdelen aus, wenn Frau Tasdelen längere Zeit ausfällt, weil sie erkrankt ist?

Wie wichtig ist Nichterwerbsarbeit?

Gewerkschaften vertreten die Interessen der Arbeitnehmer, handeln Löhne und Arbeitsbedingungen mit den Arbeitgebern aus.

Solidarität: Menschen sind füreinander da: Einer für alle, alle für einen.

Viele Menschen in Deutschland arbeiten für andere, ohne entlohnt zu werden. Sie engagieren sich, opfern ihre Zeit und gestalten so die Gesellschaft in ihrem Umfeld mit.

Manche trainieren mit Jugendlichen im Sportverein. Andere wollen Älteren helfen, sie lesen Senioren vor, sie erledigen deren Besorgungen und gehen ihnen bei einfachen Arbeiten zur Hand. Wieder andere bringen ihr musikalisches Talent als Leiter von Chören oder Orchestern ein. Die Mitglieder der freiwilligen Feuerwehr sorgen für Brandschutz und Brandbekämpfung in der Nachbarschaft. Sie helfen auch bei Unfällen und Notlagen. Viele Menschen engagieren sich für den Umweltschutz oder den Tierschutz. In kirchlichen Organisationen wird sehr viel soziale Arbeit ehrenamtlich geleistet. Behinderte Menschen sollen z. B. problemlos am Leben in der Gemeinschaft teilnehmen. In den Gemeinden und in den Betrieben vor Ort leisten Mitglieder von Gewerkschaften und politischen Parteien wertvolle unentgeltliche Arbeit.

Diese vielfältigen Aktivitäten können nicht bezahlt werden. Bund, Länder und Gemeinden müssten Milliardenbeträge für diese Nichterwerbsarbeit ausgeben. Dafür müssten die Steuern stark erhöht werden.

Das Zusammenleben in unserem Land wäre deutlich ärmer ohne die ehrenamtlichen Tätigkeiten der freiwilligen Helfer.

Eine Gemeinde ohne Vereinsleben und ohne freiwilliges Engagement funktioniert nicht. Es entstehen persönliche Beziehungen und Freundschaften. Auf echte Freunde kann man sich in schwierigen Situationen verlassen.

Die **Solidarität** hält die Gemeinschaft zusammen.

> **INFO**
> Der Wert der Nichterwerbsarbeit für den gesellschaftlichen Zusammenhalt ist unbezahlbar.

▸ Ehrenamtlich tätig sein.

1. Recherchiere in deiner Gemeinde, wen du kennst, der ehrenamtlich tätig ist.
2. In welchem Ehrenamt könntest du dich in der Zukunft einbringen?
3. Warum müssten die Steuern erhöht werden, wenn es keine ehrenamtlichen Tätigkeiten gäbe?

Was heißt haushalten?

Frau Tasdelen hat sehr vielfältige Aufgaben in ihrem Haushalt zu erledigen. Damit sie alles schafft, muss sie überlegen, wann sie welche Arbeiten ausführt, wie sie diese Tätigkeiten angeht und wie viel Zeit ihr dafür zur Verfügung steht. Schließlich soll das Essen zum richtigen Zeitpunkt auf dem Tisch sein. Sie muss deshalb auch planen, was sie kocht und was sie dafür besorgen muss.

Auch sämtliche Pflege- und Reinigungsarbeiten müssen rechtzeitig geplant werden. Sie muss dafür sorgen, dass Wäsche und Kleidung für die Familienmitglieder sauber und gebügelt zur Verfügung stehen.

In der Haushaltskasse der Familie steht Frau Tasdelen ein bestimmter Betrag pro Monat zur Verfügung. Damit muss sie zurechtkommen. Für die notwendigen Ausgaben im Haushalt teilt sie sich das Geld ein.

– Lebensmittel	700,00 €
– Getränke	80,00 €
– Putzmittel, Toilettenartikel	50,00 €
– Schreibwaren, Zeitschriften	60,00 €
– Bekleidung, Schuhe	260,00 €
– Freizeit, Unterhaltung	50,00 €
– Sonstiges	100,00 €

Andere Ausgaben, z. B. für Versicherungen, Wohnung, Mitgliedsbeiträge, Auto, Telekommunikation werden vom Girokonto abgebucht.

Frau Tasdelen: „Ich muss meine Zeit gut einteilen. Die anstehenden Aufgaben muss ich in der zur Verfügung stehenden Zeit schaffen. Ich darf mir aber auch nicht zu viel zumuten. Denn durch Überlastung würde meine Arbeitskraft erschöpft. Schließlich muss ich die Ausgaben möglichst genau planen. Manchmal muss ich von meinem Ausgabenplan abweichen, wenn z. B. etwas Unvorhergesehenes anfällt."

> **INFO**
> Haushalten heißt Zeit, Arbeitskraft und verfügbares Geld einteilen.

Haushalten ist notwendig, weil Geld und Zeit nicht unbeschränkt zur Verfügung stehen, sondern in der Regel knapp sind.

Zur Erfüllung der Wünsche muss man immer wieder neu entscheiden, welche Bedürfnisse erfüllt werden können und welche zurückgestellt werden müssen.

> **INFO**
> Haushalten heißt planen, organisieren, einteilen, entscheiden.

---

1. Wie viel Geld steht Frau Tasdelen in der Haushaltskasse zur Verfügung?
2. Informiert euch z. B. bei Verbraucherberatungsstellen vor Ort oder im Internet, wie hoch die oben genannten anderen Ausgaben sind.
3. Überlege, wofür die Familie Tasdelen einen Teil ihres Einkommens zurücklegen muss.

▸ Verschiedene Arbeitsplätze im Haushalt

Wie erforschen wir Arbeit im Haushalt?

In der Jahrgangsstufe 5 habt ihr einen Arbeitsplatz in der Schule erkundet. Ihr habt euch die Frage gestellt, warum ihr Arbeit erforschen sollt. Die Antwort darauf lautet:
Am Ende eurer Schulzeit solltet ihr eine für euch passende Berufswahl treffen können. Dazu ist es sinnvoll, Berufe mit ihren Tätigkeiten, Arbeitsaufgaben und Anforderungen zu erforschen.

Wie geht ihr dabei vor?
Ihr erkundet in diesem Schuljahr einen Arbeitsplatz zuhause. Das kann z. B.
- in der Küche,
- im Hauswirtschaftsraum,
- im Keller,
- im Garten sein.

Ihr erforscht nicht sämtliche Tätigkeiten im Haushalt, sondern nur eine Arbeitsaufgabe. Es handelt sich dabei um eine Momentaufnahme, mit der ihr euch beschäftigt. Kurze Zeit später werden im Haushalt bereits wieder andere Aufgaben erledigt, die erforscht werden könnten.

Du erinnerst dich an die Erkundung im letzten Jahr. Folgende Fragen habt ihr gestellt und damit die Merkmale von Arbeit beschrieben:
- Was wird gemacht?
- Womit wird gearbeitet?
- Wo wird gearbeitet?
- Wann wird die Arbeit ausgeführt? Wie lange dauert sie?
- Wie sind die Arbeitsbedingungen?

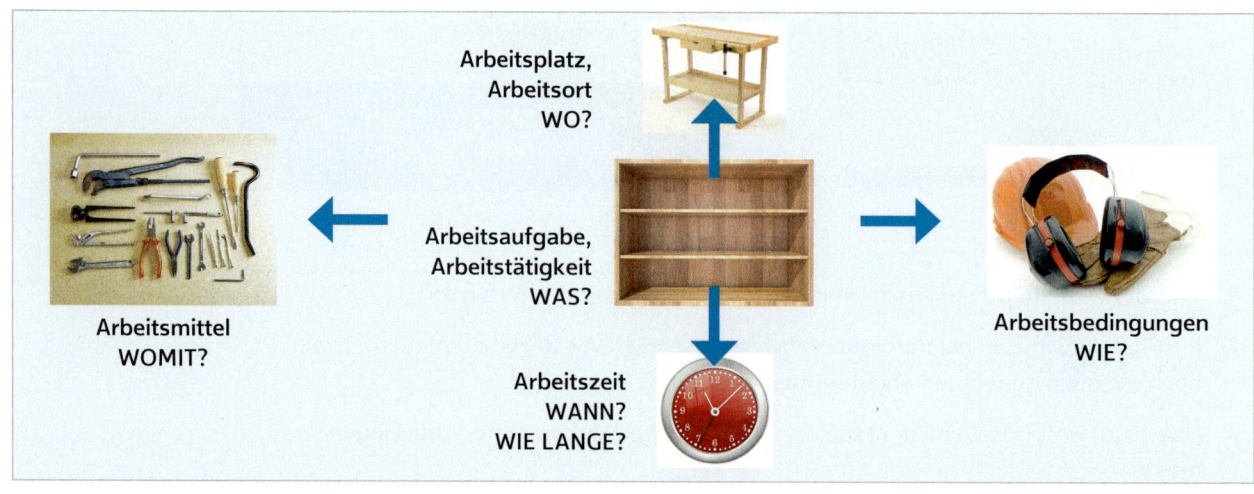

Die Arbeitsplatzerkundung im Haushalt

Bei jeder Arbeitsplatzerkundung – auch bei der im Haushalt – sind vier Teilaufgaben zu erledigen: Beobachten, Befragen, Notieren und Präsentieren.

Beobachten

Beobachten ist mehr als nur kurz hinschauen. Genaues Beobachten muss man lernen. Es erweitert unser Wissen.

Die Beobachtung vorbereiten

- Ziel der Beobachtung genau festlegen,
- Hilfsmittel zur Beobachtung besorgen (z. B. Notizblock, Fotoapparat, ...),
- Beobachtungsschwerpunkte klären (Arbeitsvorgang oder Werkzeug oder Produkt ...), wenn nötig Beobachtungsaufgaben verteilen,
- klären, wer oder was bei der Beobachtung helfen kann.

Die Beobachtung durchführen

- genau, konzentriert, ausdauernd, über längere Zeit beobachten,
- Beobachtetes aufschreiben oder mit Hilfsmitteln festhalten,
- bei Unklarheit nachfragen, eventuell neu entstehende Fragen stellen,
- das zu Beobachtende erläutern lassen, so dass man es selbst erklären und begründen kann.

Die Beobachtung auswerten

- Ziel und Ergebnis der Beobachtung vergleichen,
- Teilbereiche der Beobachtung ordnen und zusammenführen,
- prüfen, ob alle vorbereiteten Fragen beantwortet sind,
- das Beobachtete erläutern, erklären, begründen.

Das Ergebnis der Beobachtung dokumentieren

Möglichkeiten der Darstellung:
- auf einer Folie für die Erläuterung in der Klasse,
- auf einem Plakat mit Bildern, Skizzen, Zeichnungen zum Aufhängen,
- als Fotoshow vorführen,
- auf einem Arbeitsblatt zum Vervielfältigen (Computer).

▶ Arbeitsort Küche

▶ Arbeitsort Badezimmer

▸ Hier führt ein Profi ein Interview.

Befragen

Vorbereitung

- Notizblock vorbereiten: Stichpunkte als Merkhilfe aufschreiben:
  - Tätigkeit,
  - Arbeitsort im Haushalt,
  - Arbeitsmittel,
  - Arbeitsdauer,
  - Arbeitsbedingungen, Arbeitsbelastung.
- Anlass, Grund, Ziel der Befragung bewusst machen (Wie lautet der schulische Auftrag?),
- Interviewfragen formulieren.

Durchführung

- eine geeignete Arbeitsaufgabe im Haushalt auswählen,
- den Anlass für die Befragung nochmal deutlich machen,
- das Ziel der Befragung nennen.

Interview

- Fragen nach den vorbereiteten Stichpunkten vorbringen,
- aufmerksam zuhören und die erhaltenen Antworten leserlich in Stichpunkten notieren,
- für jedes Stichwort eine neue Zeile verwenden (übersichtlich!),
- bei nicht verstandener Antwort höflich nachfragen,
- um Wiederholung bitten, wenn es zu schnell ging,
- Unbekanntes erläutern und zeigen lassen.

▸ Tätigkeit: einkaufen

▸ Tätigkeit: Haushaltsplan führen

Notieren

Präsentieren

Tipps zum Notieren

- Zeit, Ort, Anlass, Interviewpartner aufschreiben,
- Notizen in Stichpunkten festhalten,
- für jeden Stichpunkt eine neue Zeile verwenden (übersichtlich!),
- leserlich schreiben,
- nach den Arbeitsplatzmerkmalen ordnen:
  - Arbeitsaufgaben (Was?),
  - Arbeitsplatz (Wo?),
  - Arbeitszeit (Wann? Wie lange?),
  - Arbeitsmittel (Womit?),
  - Arbeitsbedingungen und Arbeitsbelastungen (Wie?).

Auswertung und Reflexion

- Ergebnisse der Befragung übersichtlich darstellen:
  - Anlass der Befragung aufschreiben,
  - Zeit, Ort, Interviewpartner festhalten,
  - Entscheidung treffen, in welcher Form die Ergebnisse dargestellt werden sollen (Plakat, Bildschirmpräsentation, Infoblatt, Fotoshow ...)
- das Vorgehen beurteilen
  - Sprache (verständlich, klar, flüssig; stockend ...),
  - Aufmerksamkeit (Blickkontakt, genau hinhören, nachfragen, konzentriert aufschreiben),
  - Was sollte ich zukünftig besser machen?
  - Was ist mir gut gelungen?

Zu klärende Fragen:

- Wem soll das Ergebnis präsentiert werden?
  - Klasse,
  - Parallelklasse,
  - Lehrkräften,
  - Eltern,
  - Öffentlichkeit ...

- Wie soll das Ergebnis präsentiert werden?
  - Plakat,
  - Referat,
  - Fotoshow,
  - Bildschirmpräsentation,
  - Infoblatt,
  - Video ...

- Wie viel Zeit planen wir dafür ein? Wie viel Zeit bekomme ich?
- Wer könnte uns bei der Gestaltung helfen?
  - Fachlehrer/-in Wirtschaft,
  - Kunstlehrkraft,
  - externe Experten/Expertinnen.
- Was haben wir durch die Arbeitsplatzerkundung gelernt oder gefestigt?

▸ Hausarbeit geht jeden an.

Wie wird Hausarbeit verantwortungsvoll ausgeführt?

Sozial verträgliche Arbeitsteilung

Jede Arbeit ist anstrengend, auch die Arbeit im Haushalt. Innerhalb der Familie sollte die Arbeit so verteilt werden, dass jedes Mitglied nur in einer zumutbaren Weise belastet wird. Deshalb darf die Hausarbeit nicht an einer einzigen Person allein hängen bleiben. Sie muss vielmehr unter den Familienmitgliedern gerecht verteilt werden. Was ist mit „gerecht" gemeint?

In der Familie Fischer sind beide Eltern berufstätig, Manfred in Vollzeit, Renate halbtags mit vier Stunden vormittags. Renate ist nicht der Meinung, dass sie für sämtliche Arbeiten im Haushalt alleine zuständig ist. Dies sieht auch ihr Mann so und unterstützt sie tatkräftig.

Bei geschickter Arbeitsplanung im Haushalt sollte die Arbeit klug verteilt werden. Jedes Familienmitglied – die Eltern Manfred und Renate und die Kinder Sabrina und Tobias – soll nach Möglichkeit die Aufgaben übernehmen, die es am besten erledigen kann.

Jeder in der Familie muss seine Fähigkeiten richtig einschätzen und bereit sein, sich in die gemeinsame Aufgabe einzubringen. Berufliche bzw. schulische Pflichten können allerdings dazu beitragen, dass die Hausarbeit nicht immer auf alle Haushaltsmitglieder gleich verteilt ist. Die Arbeitsteilung muss stets fair ausgehandelt werden, denn sonst könnten Drückeberger sich hinter anderen Aufgaben „verstecken". „Typische" Frauen- und Männerarbeiten im Haushalt gibt es nicht.

> **INFO**
>
> Hausarbeit braucht Planung und eine gerechte Verteilung auf die Familienmitglieder. Sie soll sozial verträglich sein.

---

1. Welche Aufgaben übernimmst du regelmäßig im Haushalt, welche die anderen Familienmitglieder?
2. Hausarbeit soll sozial verträglich sein. Erkläre diesen Satz mit eigenen Worten.

 ▸ Frau Fischer reagiert auf Putzmittel allergisch.

 ▸ Mit Rückenschmerzen kann man nicht arbeiten.

Gesundheitlich verträgliche Arbeit

Hausarbeit soll für alle Betroffenen machbar sein. Die Haushaltsmitglieder müssen die körperlichen Voraussetzungen für die jeweilige Tätigkeit mitbringen. Sie dürfen beispielsweise nicht krank oder gegen bestimmte Dinge – etwa gegen Putzmittel – allergisch sein. In solchen Fällen ist es erforderlich, dass sich die Familie zusammensetzt und nach geeigneten Auswegen sucht.

Nehmen wir an, Frau Fischer hätte eine Putzmittelallergie. Auf bestimmte Badreiniger reagiert sie mit Schnupfen und Rötungen an den Händen. Der damit verbundene Juckreiz vergeht erst nach mehreren Stunden. In diesem Fall müsste sich die Familie eine andere Lösung überlegen. Sie könnte eine Reinigungskraft einstellen, die einmal in der Woche diese Arbeiten übernimmt. Natürlich kostet das auch wieder Geld, welches erst verdient werden muss. Andererseits ist die Gesundheit von Frau Fischer wichtiger als das Geld, das dafür ausgegeben wird.

Eine andere Lösung wäre, dass diese Aufgabe im Haushalt abwechselnd von den anderen Familienmitgliedern übernommen wird.

Ähnlich verhält es sich, wenn ein Familienmitglied einmal krank werden sollte, so dass es seinen Beitrag im Haushalt vorübergehend nicht leisten kann. Die zugewiesenen Arbeiten im Haushalt müssen dann von anderen erledigt werden. Das kann ein Familienmitglied, jemand aus der Verwandtschaft bzw. Bekanntschaft oder auch eine Person „von außen" sein.

> **INFO**
> Hausarbeit soll für alle Familienmitglieder gesundheitlich verträglich sein.

Das bisschen Haushalt?

In der Karikatur „Das bisschen Haushalt?" wird auf die mögliche Gefahr der Überlastung hingewiesen. Erklärt das Bild und gebt Tipps für Lösungen.

Karikaturen auswerten

Eine Karikatur ist eine Zeichnung, in der Kritik an Personen und ihren Verhaltensweisen geübt wird. Der Karikaturist übertreibt dabei absichtlich und humorvoll, um auf das Problem aufmerksam zu machen. Karikaturen findest du sehr häufig in Tages- oder Wochenzeitungen.

Wie gehen wir vor?

1. **Karikatur beschreiben**
   - Was siehst du?
   - Welche Idee hat der Karikaturist?
   - Wie wird das Thema dargestellt? (z. B. Figuren oder Symbole; Übertreibung oder Verharmlosung)
   - Auf welches Problem macht der Zeichner aufmerksam?
   - Wie wirken Text und Bild zusammen?

Das Beispiel der folgenden Karikatur zeigt dir, wie du es machen kannst.

Was siehst du?
Der Mann steht an der Spüle und wäscht Geschirr. Die Frau sitzt am Tisch mit dem Rücken zum Mann und trinkt ihren Kaffee. Sie beteiligt sich nicht an der Hausarbeit in der Küche.

Welche Idee hat der Karikaturist?
Er tauscht die üblichen Rollen bei der Hausarbeit.

Wie wird das Thema dargestellt? (z. B. Figuren oder Symbole; Übertreibung oder Verharmlosung)
Der Karikaturist übertreibt die Situation. Der Mann arbeitet vor sich hin. Mit seiner Schürze wird gezeigt, dass er diese Tätigkeit regelmäßig ausführt.

Auf welches Problem macht der Zeichner aufmerksam?
Es geht um die Arbeitsteilung und um die Rollen im Haushalt.

Wie wirken Text und Bild zusammen?
Die Bemerkung des Mannes bezieht sich nicht auf die gezeichnete Situation, sondern er denkt über die Probleme der Welt nach: Das Elend dieser Welt macht ihn krank.
Darauf reagiert seine Frau mit der Angst vor „zusätzlicher" Arbeit, wenn sie ihn in seiner Krankheit pflegen müsste.

Dadurch, dass der Text nicht vollkommen zum Bild passt, gelingt es dem Karikaturisten, das Problem noch deutlicher herauszustellen und den Betrachter zum Nachdenken anzuregen.

2. **Karikatur auswerten**
   - In der Karikatur gibt es wichtige Bildelemente; erkläre sie.
   - Kannst du mithilfe der Karikatur die Meinung des Zeichners erkennen und beschreiben?
   - Wie ist deine Meinung zu diesem Thema?

In manchen Karikaturen muss man oft zweimal hinschauen, um „versteckte" Einzelheiten zu erkennen, die für das Thema wichtig sind. Deshalb helfen dir die Fragen, die du zur Auswertung stellen sollst.

In der Karikatur gibt es wichtige Bildelemente; erkläre sie.

Die Schürze des Mannes zeigt seine Rolle in der Küche. Die Spülbürste verdeutlicht die Tätigkeit.
Mann und Frau wenden sich nicht zu, sondern sind Rücken an Rücken gezeichnet. Dies weist darauf hin, dass sie nicht miteinander kooperieren und sich nicht gegenseitig unterstützen. Der Mann steht bei seiner Arbeit, die Frau sitzt am Tisch. Während er arbeitet, genießt sie in Ruhe ihren Kaffee.

Kannst du mithilfe der Karikatur die Meinung des Zeichners erkennen und beschreiben?

Der Karikaturist macht auf die fehlende Unterstützung bei der Hausarbeit aufmerksam. Dies gelingt ihm, indem er die häufig übliche Rollenverteilung umdreht. Außerdem verstärkt er diese Wirkung durch die Überspitzung im Sprechblasendialog für den Betrachter. Er will damit erreichen, dass der Betrachter sich selbst eine Meinung dazu bildet.

Wie ist deine Meinung zu diesem Thema?

Deine Meinung musst du dir natürlich selbst bilden. Aber fragt mal die Mädchen und die Jungen in der Klasse getrennt zu diesem Thema. Wahrscheinlich erhaltet ihr sehr verschiedene Aussagen.

Mit diesen Karikaturen könnt ihr üben:

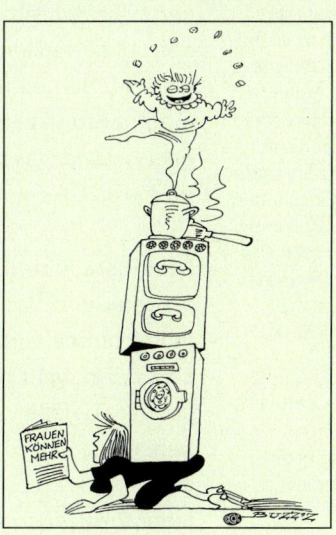

▸ Frauen können mehr...

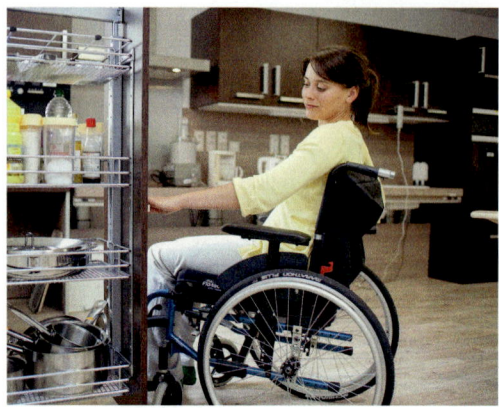
▸ Verstellbare Arbeitsflächen in der Küche

▸ Entlastung durch Stehhilfe

▸ Ergonomisch geformte Messer

▸ Für jede Arbeit das richtige Messer

Ergonomie:
Die Ergonomie untersucht, wie die Arbeitsplätze und Arbeitsgeräte gestaltet sein müssen, damit sie für die arbeitenden Menschen sicher sind und ihre Gesundheit nicht gefährden. Sie sind an die Eigenschaften des Menschen angepasst. Der fühlt sich dann wohler und ist leistungsfähiger.

Design:
(sprich Disain)
= Aussehen, Gestaltung eines Gegenstandes

Ergonomie im Haushalt

Die Arbeitshöhe in der Küche sollte der Körpergröße der Nutzer angepasst sein. Oft sind aber die Familienmitglieder unterschiedlich groß. Moderne Küchen lösen dieses Problem auf Knopfdruck. Die wichtigen Einrichtungsgegenstände lassen sich so auf die jeweilige Körpergröße einstellen.

Fest installierte Haushaltsgeräte wie Kühlschrank und Backofen werden heutzutage in Reichhöhe eingebaut. Die Nutzer müssen sich dann nicht mehr als nötig bücken und schwere Gefäße in ungünstiger Körperhaltung heben.

Jeder Profi-Koch schwört darauf, beste Messer zu benutzen. Sie müssen nicht nur gut schneiden, sondern gleichermaßen griffest, sicher und leicht in der Hand liegen. Die Gewichtsverteilung zwischen Griff und Schneide muss stimmen. Für unterschiedliche Schneideaufgaben (Brot, Wurst, Fleisch, Gemüse, Salat, Kuchen) werden jeweils passende Messer verwendet.

Viele Haushaltsgeräte sind ergonomisch gerecht geformt. So lassen sie sich leicht handhaben und sicher bedienen.

Das ergonomische Design der Schüsseln sorgt für sichere Benutzung. Die Schüsseln liegen durch den großen Griff gut in der Hand. Selbst schwerer Inhalt lässt sich leicht umfüllen.

▸ Längenverstellbarer Apfelpflücker

▸ Richtige Gewichtsverteilung der Heckenschere

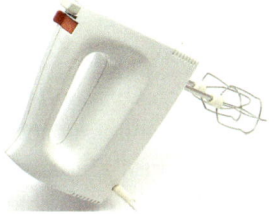

▸ Seit Jahrzehnten bewährte Form

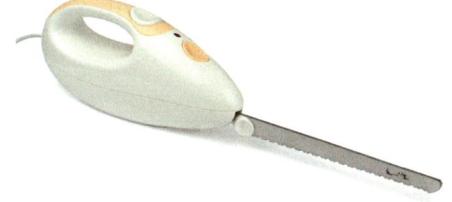

▸ Ein praktischer Helfer zum Bratenschneiden

▸ Schüsseln

Ergonomie spielt nicht nur in der Küche eine Rolle, sondern bei allen Arbeiten im Haus, in der Werkstatt und im Freien. Eine elektrische Heckenschere muss möglichst leicht sein und gut in der Hand liegen. Bei langen und hohen Hecken wird die Schnittarbeit sonst zur Qual. Im Garten muss man sich oft bücken oder im Knien arbeiten. Mit einer Garten-Arbeitsbank lässt sich alles bequem im Sitzen oder Knien erledigen.

Die Gartenschere besitzt eine besondere Funktion: Die Klinge bewegt sich über eine Rolle und verringert dadurch beim Schneiden den Kraftaufwand wesentlich.

Stark verschmutzte Flächen im Außenbereich lassen sich mit Hochdruckreinigern problemlos reinigen. Dabei sind sie —verglichen mit der Reinigung per Wasserschlauch — nicht nur weitaus leistungsstärker, sondern verbrauchen zudem deutlich weniger Wasser.

INFO

Ergonomische Geräte erleichtern viele Arbeiten im Haushalt.

1. Macht Fotos von ergonomisch geformten Haushaltsgegenständen und präsentiert sie in der Klasse.
2. Menschen mit körperlichen Beeinträchtigungen benötigen besondere ergonomische Vorrichtungen zum Erledigen von Hausarbeiten. Recherchiert und berichtet über Beispiele.

▸ In jedem Haushalt muss Rücksicht auf die Umwelt genommen werden.

▸ Regionale Produkte?

Ökologische Verantwortung bei der Hausarbeit

Familie Fischer hat über die gerechte Verteilung von Arbeit und die gesundheitliche Verantwortung bei der Hausarbeit diskutiert. Dabei kam ihr Gespräch darauf, dass die Erledigung der Hausarbeit auch eine Verantwortung für die Umwelt beinhaltet.

Diese ökologische Verantwortung umfasst zum Beispiel
– umweltbewusstes Einkaufen,
– umweltschonende Produkte,
– Mülltrennung und Wiederverwertung,
– sparsamen Wasserverbrauch,
– Energiesparen
im Haushalt.

Umweltbewusstes Einkaufen

Ökologische Verantwortung im Haushalt beginnt bereits beim Einkaufen. Für kleine Einkäufe wie z. B. beim Bäcker in der Nachbarschaft braucht Familie Fischer kein Auto. Sie erledigt sie zu Fuß oder mit dem Fahrrad. Da sie auf Plastiktüten verzichten will, nimmt sie Stofftaschen, Papiertüten oder einen Einkaufskorb von zuhause mit.

Ökologische Verantwortung: Damit ist die Verantwortung für den Schutz und die Bewahrung der Umwelt gemeint. Es soll nach Möglichkeit auf alles verzichtet werden, was die Umwelt belastet oder gefährdet.

Bei der Auswahl von Obst und Gemüse achtet sie darauf, dass unnötige und umweltbelastende Verpackungsmaterialien vermieden werden. Äpfel haben eine Schale und brauchen keine Plastikhaut. Frau Fischer kauft stets Obst und Gemüse in loser Form und ohne Verpackung. Damit hilft sie, die Abfallberge zu vermeiden.

Sie bevorzugt Produkte aus der Region, denn lange Transportwege für vergleichbare Waren belasten unnötig die Umwelt.

> **INFO**
> Umweltbewusstsein beginnt beim Einkauf.

Gesundheits- und umweltschonende Güter werden mit dem „Blauen Engel" gekennzeichnet. Achte beim Einkauf darauf.

1. Was sind regionale und saisonale Waren? Wo bekommt man sie?
2. Umweltbewusstes Einkaufen betrifft nicht nur Lebensmittel. Sammelt in Gruppenarbeit Beispiele aus anderen Warenbereichen.

▸ Statt chemischer Reinigungsmittel ...

▸ ... umweltschonende Reiniger

▸ Insektenhotel

▸ Schneckenzaun

Umweltschonende Produkte

Viele Reinigungsmittel belasten die Umwelt. **Waschmittel** tragen zur Überdüngung von Flüssen und Seen bei. Sie fördern das Algenwachstum. Fischen und Pflanzen wird dadurch der notwendige Sauerstoff entzogen. Die Gewässer können „umkippen", Fische sterben.

Bei der Dosierung der Waschmittel gilt nicht der Satz „Viel hilft viel!". Die Wäsche wird dadurch nicht sauberer. Deshalb achtet Familie Fischer darauf, so gering wie möglich zu dosieren und nur mit voller Wäschetrommel zu waschen.

Haushaltsreiniger enthalten oft gesundheitsgefährdende und umweltbelastende Chemikalien. Besonders belastende Haushaltsreiniger sind Abflussreiniger, Sanitärreiniger, Fleckentferner, Teppich- und Polsterreiniger sowie Backofenreiniger. Sie können durch alternative Reiniger ersetzt werden, z. B. Schmierseife, Essigessenz oder Zitronensäure.

Familie Fischer achtet auch im Garten auf Umweltschutz. Sie verzichtet auf den Einsatz von Chemikalien, wie z. B. Unkrautvernichtungsmittel.

Unkraut jäten und hacken ist zwar anstrengend, aber auch eine gesunde Alternative. Statt eines chemischen Blattlausmittels haben sie ein Insektenhotel gebaut und aufgestellt. Gegen Schnecken im Salatbeet stellen sie einen Schneckenzaun auf statt Schneckenkorn zu streuen, oder sie pflanzen zwischen die Salatköpfe Tagetes.

INFO
Wer umweltbewusst handelt, verzichtet weitgehend auf Chemie.

Reste von chemischen Reinigungsmitteln oder Lacken und Farben müssen gesondert entsorgt werden. Erkundigt euch, wie das in eurer Gemeinde geregelt ist.

Sparsamer Wasser- und Energieverbrauch im Haushalt

Sabrina Fischer ist bei einer Umweltorganisation im Ort engagiert. Dort haben sie sich zum Tag des Wassers getroffen und darüber diskutiert, wie viel Wasser verbraucht wird. Ihren Eltern erzählt sie: „Stellt euch vor, jeder von uns verbraucht im Durchschnitt täglich 121 Liter Wasser." Ihr Vater ist erstaunt: „So viel hätte ich nicht gedacht. Ich brauche doch zum Duschen und Trinken gar nicht so viel." Sabrina erläutert: „Das kostbare Trinkwasser wird aber auch für Wäsche waschen, Auto reinigen und die Toilettenspülung vergeudet!" Mutter wirft ein: „Dann sind das bei uns zu viert ja fast 500 Liter Wasser jeden Tag!"

Die Familie Fischer nimmt sich vor, ab sofort mit dem Wasser noch sparsamer umzugehen. Sie diskutiert Sparmaßnahmen

▶ Wasser vergeuden – Wasser sparen

Tobias Fischer wechselt das Thema: „Wisst ihr eigentlich, dass über 50 % des Energieverbrauchs in Deutschland auf die Wärmeerzeugung entfällt? In einem durchschnittlichen Haushalt sind es sogar über 85 %."

> **INFO**
> Wer umweltbewusst handelt, vermeidet Verschwendung.

Tobias hat Recht. Der gesamte Energieverbrauch in Deutschland ist seit Beginn der 1990er-Jahre kaum gesunken. In den letzten Jahren ist nur der Wärmeverbrauch rückläufig. Der Verbrauch von Kraftstoff ist nahezu gleich geblieben. Der Stromverbrauch ist gestiegen.

Durch den Einsatz von Energiesparlampen und von stromsparenden Haushaltsgeräten könnte man Energie sparen. Aber in den meisten Haushalten sind weitere Elektrogeräte in den letzten Jahren hinzugekommen.

Stromfresser im Haushalt

Von allen Elektrogeräten im privaten Haushalt verbrauchen diese den meisten Strom:

%	Gerät
12,9	Computer, Zubehör, WLAN
11,9	Fernsehen, Audiogeräte
11,9	Durchlauferhitzer, Boiler
10,4	Kühlschrank
9,7	Beleuchtung
9,0	Herd, Wasserkocher
6,6	Wäschetrockner
6,0	Umwälzpumpe
5,1	Geschirrspüler
4,9	Waschmaschine
4,5	Gefrierschrank
7,1	Sonstige

auf Basis von stat. Erhebungen 2011
Quelle: EnergieAgenturNRW
dpa • 18933

---

1. Welche Maßnahmen können im Haushalt zum Wassersparen ergriffen werden?
2. In der Grafik zum Stromverbrauch werden 7,1 % für sonstige Haushaltsgeräte und Anwendungen angegeben. Welche Geräte und Anwendungen könnten gemeint sein?

Präsentation

Du hast die Arbeitsplatzerkundung bei dir zuhause durchgeführt. Jetzt sollst du deine Ergebnisse in der Klasse zeigen. Dies dient gleich mehreren Zielen. Du beschäftigst dich intensiv mit der Erkundung und lernst dabei, das Ergebnis zu ordnen und in eine logische Reihenfolge zu bringen. Du überlegst dir eine ansprechende Gestaltung deiner Präsentation und arbeitest so die Erkundung noch einmal gründlich durch. Dein Gehirn speichert dieses Wissen viel intensiver und nachhaltiger, weil du es mit Gestaltungselementen verknüpfst.

Wie kannst du präsentieren?

Vor allem zwei Präsentationsformen eignen sich in diesem Fall:
- Plakatpräsentation
- Computerpräsentation

Plakatpräsentation

Bevor du mit dem Schreiben oder Zeichnen auf einem Plakat beginnst, solltest du einen Entwurf in Form einer Skizze erstellen. Überlege dir dabei bereits, wie du die einzelnen Informationen anordnen willst.
Folgende Tipps zur Gestaltung solltest du beachten:
- Gib das Thema deutlich sichtbar an.
- Ein Plakat darf nicht eintönig wirken, es darf aber auch nicht zu viele verschiedene Elemente beinhalten.
- Es sollte einen besonderen „Hingucker" enthalten. Werbefachleute sprechen vom „Eyecatcher". Am günstigsten ist dafür die Plakatmitte.
- Texte sollten kurz und knapp formuliert werden. Die wichtigsten Informationen sollten innerhalb weniger Sekunden zu erfassen sein.
- Der Text sollte aus zwei Meter Entfernung noch gut lesbar sein.
- Druckschrift ist besser als Schreibschrift; besondere Verzierungen an Buchstaben stören beim Lesen der Information.
- Bilder sagen mehr als tausend Worte! Nutze Fotos, Symbole oder Zeichnungen für die Plakatgestaltung.

Häufige Fehler:
- zu viel Text, zu viele Aussagen
- nur Text, keine grafischen Elemente
- Text ist schlecht lesbar:
  - ungeeignete Schriftart
  - zu klein geschrieben
  - kein Kontrast zum Hintergrund
- zu viele verschiedene Gestaltungselemente
- Stiftfarbe und Stiftstärke sind falsch gewählt

▸ Gestaltung eines Plakates

Eyecatcher:
Etwas, was das Auge gefangen nimmt, wo man einfach hinschauen muss.
Beispiele:
- Foto
- Grafik
- Symbol
- einzelner Begriff

▸ übersichtlich gestaltetes Plakat

Computerpräsentation

Bei der Computerpräsentation gilt das Gleiche wie für die Plakatpräsentation. Du musst die Inhalte ordnen und in eine vernünftige Reihenfolge bringen. Dazu solltest du Papier und Bleistift verwenden. Erst danach arbeitest du am Rechner.

Grundsätzlich gelten ähnliche Tipps wie bei der Plakatgestaltung:
- Der Beginn deiner Präsentation, genauer gesagt, deine ersten fünf Sätze sind entscheidend. Lerne sie auswendig. Fange nicht so an: „Heute präsentiere ich euch/Ihnen …"; vielleicht kannst du mit einem Bild, einem Originalton von deiner Erkundung oder mit einem Zitat einsteigen.
- Das, was der Zuschauer sieht, und das, was er hört, darf nicht dasselbe sein. Rede frei zu den Inhalten der Folien.
- Die Präsentationsprogramme bieten viele Möglichkeiten, z. B. für Animationen oder Übergänge. Hier darfst du aber nicht übertreiben! Es gilt der Grundsatz „Weniger ist mehr!"
- Bilder erzeugen eine größere Aufmerksamkeit als Text. Deshalb verwende sie oder auch Diagramme, Mindmaps oder Grafiken und erläutere sie mit frei formulierten Sätzen.
- Texte sollten kurz und knapp formuliert werden. Auf den Folien stehen nur Stichpunkte, keine Sätze.
- Maximal acht Zeilen sollten auf einer Folie sein.
- Der Text muss gut lesbar sein; 18 bis 36 Punkt große Schrift; ohne Schnörkel, eine serifenlose Schrift ist besser geeignet als eine mit Serifen.
- Schriftfarbe und Hintergrund müssen zueinander einen Kontrast bilden.
- Das Hintergrundlayout muss zum Thema passen und darf nicht zu sehr ablenken.

Serifen:
Kleine Querstriche, die das Ende von Buchstaben abschließen:
↘Beispiel

Häufige Fehler
- der Vortragende liest die Folien nur vor
- Text ist viel zu klein und zu unleserlich
- nur Text – keine grafischen Elemente
- ganze Sätze statt Stichworte
- zu viele Animationen
- unpassende Sounds

Denk dran …
- deine ersten fünf Sätze
- frei reden zu den Folien
- weniger ist mehr
- Vorfahrt für Bilder
- kurze, knappe Texte
- maximal acht Zeilen

Lesbarkeit der Schrift
- 𝔉𝔯𝔞𝔨𝔱𝔲𝔯𝔰𝔠𝔥𝔯𝔦𝔣𝔱𝔢𝔫 𝔰𝔦𝔫𝔡 𝔫𝔦𝔠𝔥𝔱 𝔤𝔢𝔢𝔦𝔤𝔫𝔢𝔱.
- Serifenlose Schriften wie Arial oder Calibri lassen sich gut lesen.

Vorteile einer digitalen Präsentation
- du kannst den Folieninhalt rasch ändern
- du kannst die Folie schrittweise aufbauen
- du bindest Bilder, Videos, Sound ein
- mit einem Presenter kannst du die Präsentation aus der Distanz steuern

Lernbilanz

Am Ende dieses Kapitels kannst du …
- *verschiedene Haushaltsarten beschreiben,*
- *materielle und immaterielle Arbeit unterscheiden,*
- *den Wert der Hausarbeit beurteilen und bemessen,*
- *über die Arbeitsplatzerkundung im Haushalt referieren,*
- *begründen, wie Hausarbeit verantwortungsvoll ausgeführt wird.*

Mit den folgenden Aufgaben kannst du überprüfen, ob du diese Kompetenzen erworben hast:

1. Erstellt ein Diagramm für eure Klasse, aus dem hervorgeht, wie viele eurer Mitschüler in
   - Zweipersonenhaushalten,
   - Dreipersonenhaushalten,
   - Vierpersonenhaushalten,
   - Haushalten mit mehr als vier Personen leben.

   Haltet dabei auch fest, wie viele Generationen in diesen Haushalten leben.

2. In der Familie Fischer:

   Mutter Renate: „Wieder sitzt ihr alle schon vor dem Fernseher und ich muss den Tisch alleine abräumen."

   Tobias: „Ich habe heute schon zwei Stunden im Garten gearbeitet. Ich bin vollkommen platt."

   Sabrina: „Na, du wirst schon noch etwas Kraft haben. Ich helfe Mutter, obwohl ich auch den ganzen Nachmittag in der Jugendgruppe der Umweltorganisation die Kleinen betreut habe."

   Vater Manfred: „Wir haben doch vereinbart, die Arbeit im Haushalt gerecht zu verteilen!"

   Führt die Diskussion (im Rollenspiel oder in der Gruppe) fort. Berichtet über euer Ergebnis.

3. Gestaltet eine Ausstellung zu eurer Arbeitsplatzerkundung im Haushalt. Stellt eure Plakate oder Computerpräsentationen anderen vor; wählt aus, wem ihr präsentieren wollt: Eltern, anderen Klassen, anderen Lehrkräften …

4. Erstellt Lernkarten für eine Lernkartei zu folgenden Begriffen: Haushaltsarten, Erwerbsarbeit, Nichterwerbsarbeit, materielle Arbeit, immaterielle Arbeit, Haushalten, Ergonomie, ökologische Verantwortung.

5. Erstellt ein Gruppenplakat zur Frage: „Was heißt haushalten?"

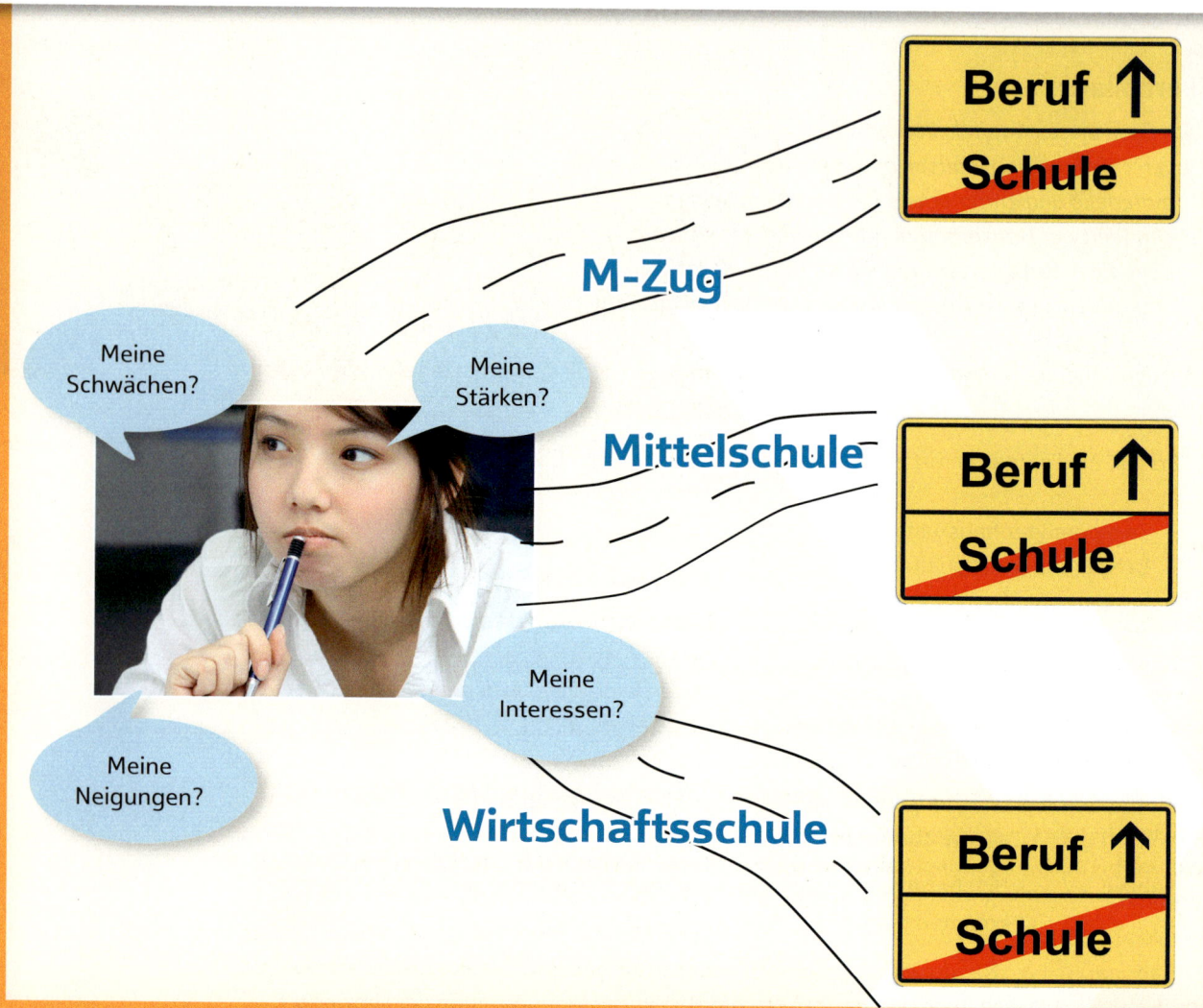

BERUFSORIENTIERUNG

In diesem Kapitel lernt ihr:

› eure Stärken und Schwächen, Interessen und Neigungen einzuschätzen,
› dass sich diese im Laufe eurer Entwicklung verändern,
› eure Selbsteinschätzung mit der Einschätzung durch andere Menschen zu vergleichen,
› Anforderungen und Ziele verschiedener weiterführender Schulen zu analysieren,
› auf der Grundlage dieser Informationen eure weitere Schullaufbahn verantwortungsbewusst zu gestalten.

▸ Interesse im Unterricht   ▸ Jugendfeuerwehr als Hobby   ▸ Erwartung: Zufriedenheit am Arbeitsplatz

Interessen und Erwartungen

Interessen und Hobbys – Wegweiser zum Beruf

Was dich interessiert, weißt du selbst am besten. Was dir Spaß macht, übst du vielleicht sogar als Hobby aus. Damit wird die Richtung zu deiner Berufswahl vorgegeben. Das große Feld der beruflichen Möglichkeiten wird eingegrenzt. Viele Berufe scheiden bereits im Vorfeld aus.

Um deinen Interessen auf die Spur zu kommen, solltest du dir folgende Fragen beantworten:
– Womit beschäftige ich mich in meiner Freizeit gerne?
– Welche Hobbys habe ich?
– Was fällt mir leicht, was nicht?
– Welche Schulfächer machen mir Spaß?

Mit der Beantwortung dieser Fragen kommst du deinen Interessen auf die Spur. Damit machst du einen ersten Schritt in Richtung deiner Berufswahl.

Interessen und Hobbys sind hinsichtlich der Berufswahl aber nicht alleine entscheidend. Vielmehr spielen auch deine Erwartungen an den Beruf eine wichtige Rolle.

Erwartungen an meinen Beruf

Natürlich kannst du dich für einen Beruf entscheiden, weil er zunächst interessant erscheint. Trotzdem musst du dir über deine Erwartungen im Klaren sein. Erwartungen sind Wünsche oder Hoffnungen. Sicherlich ist es für dich nicht einfach, Erwartungen an deinen zukünftigen Beruf zu formulieren. Vielleicht helfen dir folgende Fragen:
– Ist mein Arbeitsplatz sicher?
– Kann ich meine Stärken einbringen?
– Wie viel Geld verdiene ich?
– Welche berufliche Zukunft habe ich?
– Kann ich Karriere machen?
– Sind die Arbeitszeiten familienfreundlich?

Auch diese Fragen grenzen deinen Berufswunsch und die Vielzahl der Berufe weiter ein.

Karriere bedeutet, man macht einen erfolgreichen Aufstieg im Beruf. Man wird zum Beispiel Leiter/Leiterin einer Abteilung.

1. Beantworte die Fragen aus dem Text zu **deinen** Interessen und Hobbys.
2. Welche Erwartungen hast **du** an deinen künftigen Beruf?
3. Wie stellst du dir dein Leben vor, wenn du 25 Jahre alt bist? Schreibe einen kurzen Text.

▸ Körperliche Fähigkeiten in unterschiedlichen Berufen

Stärken und Schwächen verändern sich

Ein weiterer Schritt auf dem Weg zu deiner Berufswahl besteht darin, deine Stärken und Schwächen zu erkennen. Diese sind dir auf der einen Seite **angeboren**. Andererseits kannst du sie durch gezieltes Üben **trainieren**.

Ein Beispiel aus dem Spitzensport verdeutlicht dies. Stelle dir einen großen, schlanken Sportler vor. Er eignet sich beispielsweise sehr gut als Basketballspieler. Ein muskulöser und relativ kleiner Sportler hingegen kann im Geräteturnen erfolgreich sein. Beide müssen jedoch regelmäßig und zielgerichtet trainieren, wenn sie in die Spitzenklasse gelangen wollen. An dieser Stelle erkennst du: persönliche Fähigkeiten lassen sich durch Training verändern.

In unserem Beispiel aus dem Spitzensport geht es um angeborene und trainierte **körperliche** Fähigkeiten. Dazu zählen ganz allgemein:

Koordination ist die Fähigkeit, Bewegungsabläufe optimal aufeinander abzustimmen.

Du kannst deine körperlichen Fähigkeiten testen. Beim Balancieren erkennst du zum Beispiel, ob du das Gleichgewicht halten kannst und schwindelfrei bist. Beim Jonglieren findest du heraus, wie ausgeprägt deine Koordinationsfähigkeit ist. Das Treppensteigen gibt dir Aufschluss über deine körperliche Belastbarkeit. Deine Ausdauer lässt sich zum Beispiel durch Liegestütze und Seilsprünge testen. Hand- und Fingergeschick stellen diejenigen unter Beweis, die sicher mit Nadel und Faden oder mit der Laubsäge arbeiten können.

Vielleicht können diese Beispiele dich dazu ermuntern, solche oder ähnliche Aufgaben durchzuführen. Auf diese Weise lernst du dich und deine Stärken sowie deine Schwächen selbst besser kennen.

Ein Rätsel aus der Mathematik – kannst du es lösen?

800	−	7 ?	=	? ? ?
:		+		−
? ?	×	? ?	=	608
=		=		=
25	+	? 3	=	? ? ?

Konntest du das Rätsel lösen? Ist es dir leicht oder schwer gefallen? Die Beantwortung dieser Fragen hängt von deiner Fähigkeit ab, rechnerisch und logisch zu denken. In diesem Zusammenhang spricht man von **geistigen** Fähigkeiten.

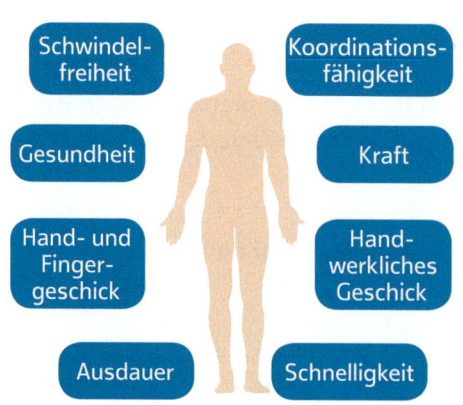

▸ Geistige und soziale Fähigkeiten in unterschiedlichen Berufen

Weitere Beispiele hierfür sind:

Diese Fähigkeiten beeinflussen deine Berufswahl. Du kannst deine geistigen Fähigkeiten prüfen. Wenn du ein fertiges Gerät auseinanderlegen und wieder zusammenbauen kannst, hast du ein **mechanisch-technisches** Verständnis. **Räumliches** Vorstellungsvermögen stellt z. B. unter Beweis, wer einen vorgegebenen großen Würfel mit der richtigen Anzahl kleiner Würfel füllen kann.

Wie kommst du mit anderen Menschen aus?

Es gibt Menschen, die sich in der Gruppe wohl fühlen. Sie sind kommunikativ und arbeiten gerne mit anderen zusammen. Daneben gibt es aber auch Personen, die lieber für sich alleine arbeiten. **Welcher Typ bist du?**

Man spricht in diesem Zusammenhang von **sozialen** Fähigkeiten.

Team-fähigkeit · Konflikt-fähigkeit · Kommu-nikations-fähigkeit
soziales Verhalten · Toleranz
Kooperation · Respekt

Das bedeutet im Einzelnen:
– Bist du kontaktsicher?
– Gehst du gerne auf Menschen zu?
– Fühlst du dich im Team wohl?
– Kooperierst du gerne?
– Fällt es dir leicht, dich in andere Menschen hineinzuversetzen?
– Können sich Mitschüler auf dich verlassen?
– Bist du in der Lage, Enttäuschungen und Misserfolge rasch zu verarbeiten?
– Kann man dich nicht so schnell beleidigen?
– Kannst du Konflikte mit anderen leicht lösen?
– Gehst du mit anderen respektvoll und höflich um?

Wenn du alle Fragen mit „Ja" beantworten kannst, dann verfügst du über ausgeprägte soziale Fähigkeiten. Allerdings musst du bei der Beantwortung ehrlich zu dir selbst sein.

> **Kreativität** ist die Fähigkeit, phantasievoll etwas vorher nicht da gewesenes, originelles Neues zu erschaffen.

> **Kooperieren** bedeutet, mit anderen auf ein Ziel hin zusammenzuarbeiten.

> **Kommunikativ** bedeutet, es fällt dir leicht mit anderen Menschen in Kontakt zu kommen und mit ihnen zu sprechen.

---

1. Betrachte die Bildleisten ganz oben auf beiden Seiten. Welche Berufe erkennst du? Lege eine Tabelle an. Ordne dem jeweiligen Beruf passende Fähigkeiten zu. Begründe die Zuordnung.

2. Du hast sicher einen Wunschberuf. Überlege, welche Fähigkeiten dafür wichtig sind. Begründe deine Auswahl.

Wie erkenne ich meine Stärken und Schwächen?

objektiv: unvoreingenommen, ohne Beeinflussung von außen, neutral

Eigene Stärken und Schwächen zu erkennen ist gar nicht so einfach. Einige Menschen neigen dazu, sich eher positiv darzustellen. Andere sehen bei sich nur Schwächen, obwohl das nicht immer der Fall ist. Objektiv kann sich niemand richtig einschätzen. Deshalb ist es wichtig, das Bild, das du von dir selbst hast, durch andere überprüfen zu lassen.

Bitte deine Eltern, Freunde, Freundinnen, Mitschüler, Mitschülerinnen und Lehrkräfte dich zu beurteilen. Vergleiche die Beobachtungen und Einschätzung anderer Menschen mit deinen eigenen. Stimmen sie überein? Wenn das so ist, kannst du davon ausgehen, dass du in deiner **Selbsteinschätzung** einigermaßen richtig liegst. Eine Garantie gibt es dafür jedoch nicht. Bedenke, dass Menschen sich verändern. Deine Fähigkeiten werden nicht auf dem derzeitigen Stand bleiben, sondern sich weiterentwickeln.

Hilfreich für deine Selbsteinschätzung ist ein ehrlich ausgefüllter **Selbsterkundungsbogen**. Zunächst machst du dir selbst über deine Fähigkeiten und Erwartungen an den Beruf Gedanken. Anschließend gibst du den Bogen an Eltern, Verwandte, Freunde oder Mitschüler weiter und bittest sie, dich einzuschätzen. Damit erhältst du eine **Fremdeinschätzung**.

> **INFO**
>
> **Fremdeinschätzung**
>
> Bei einer Fremdeinschätzung bewerten andere Personen deine Stärken und Schwächen. Deine Selbsteinschätzung kann dadurch bestätigt, aber auch widerlegt werden.

> **INFO**
>
> **Selbsteinschätzung**
>
> Bei einer Selbsteinschätzung bewertest du deine Stärken und Schwächen. Das ist für deinen weiteren Weg in der Schule und die spätere Berufsfindung wichtig.

▸ Fremdeinschätzung von den Eltern ...

▸ Emilia schätzt sich selbst ein.

▸ ... und den Freundinnen.

Selbsterkundungsbogen von _Emilia_

Interessen

Mein Interesse am	ist groß	ist gering	ist nicht vorhanden
a) Umgang mit Menschen	X		
b) Umgang mit Technik			X
c) Lesen	X		
d) Rechnen		X	
e) Arbeiten im Freien		X	

Meine Erwartung an den Beruf:	ist groß	ist gering	ist nicht vorhanden
a) hoher Verdienst	X		
b) sicherer Arbeitsplatz		X	
c) Abwechslung	X		
d) Karriere		X	
e) Arbeit im Team	X		

Meine Fähigkeiten	ist groß	ist gering	ist nicht vorhanden
a) Meine körperliche Belastbarkeit		X	
b) Mein Ideenreichtum	X		
c) Meine Kontaktfähigkeit	X		
d) Mein Hand- und Fingergeschick	X		
e) Mein Sprachverständnis	X		
f) Meine Teamfähigkeit	X		
g) Meine Zuverlässigkeit	X		
h) Meine Fähigkeit, logisch zu denken		X	

7097E_1

1. Emilia hat ihren Selbsteinschätzungsbogen ausgefüllt. Schaut euch Emilias Ergebnisse an. Wo liegen ihre Stärken, wo ihre Schwächen?
2. Welche Schlüsse kann Emilia für ihre spätere Berufswahl ziehen?
3. Erstelle einen eigenen Selbsteinschätzungsbogen mit passenden Aussagen. Du kannst dich an Emilias Bogen orientieren.
4. Führe deine Selbsteinschätzung durch.
5. Du kannst deine Ergebnisse in der Gruppe präsentieren.
6. Gib den Bogen anderen Personen. Bitte sie um ihre Einschätzung.

Ich möchte Mechatronikerin werden. Welchen Schulabschluss brauche ich?

Mit welcher Schullaufbahn erreiche ich diesen Abschluss?

Wie geht es für dich nach der 6. Klasse weiter?

Du hast dir bereits viele Gedanken über deine Interessen und Fähigkeiten gemacht. Diese sind für deine spätere Berufswahl sehr wichtig. Bei der Entscheidung für einen Beruf solltest du aber auch den geforderten **Schulabschluss** berücksichtigen. Dies bedeutet, dass du Überlegungen hinsichtlich deiner **Schullaufbahn** anstellst. Die Frage lautet also: *„Wie geht es für mich nach der 6. Klasse weiter?"*

▸ Wie geht es für mich nach der 6. Klasse weiter?

Welche Schulabschlüsse sind möglich?

Die Mittelschule führt grundsätzlich **zum Erfolgreichen Abschluss der Mittelschule**. Das ist der Regelabschluss für alle, die die 9. Klasse erfolgreich durchlaufen. Dies ist der Fall, wenn du aufgrund deiner Noten das Klassenziel der 9. Jahrgangsstufe erreichst.

Durch eine freiwillige Zusatzprüfung (Besondere Leistungsfeststellung) kann jeder Mittelschüler am Ende der 9. Klasse den **Qualifizierenden Abschluss der Mittelschule** („Quali") erwerben. Hierfür ist ein bestimmter Notendurchschnitt erforderlich.

Wenn du den Mittlere-Reife-Zug (M-Zug) besuchst und die Abschlussprüfung bestehst, verlässt du die Schule mit einem **Mittleren Schulabschluss der Mittelschule** („Mittlere Reife").

Du kannst auch nach der 9. Klasse der Mittelschule und nach einer abgeschlossenen Berufsausbildung unter bestimmten Voraussetzungen den **Mittleren Bildungsabschluss erreichen** („Quabi").

Neben der Mittelschule hast du die Möglichkeit, über den Besuch der Wirtschaftsschule oder der Realschule den **Mittleren Schulabschluss** zu bekommen.

Der Mittlere Schulabschluss ist ein verlockendes Ziel. Du musst dir allerdings bewusst sein, dass ein höherer Abschluss mit höheren Anforderungen verbunden ist. Überlege, ob du aufgrund deiner Fähigkeiten, Interessen und Neigungen diese Anforderungen erfüllen kannst. Traust du dir das zu?

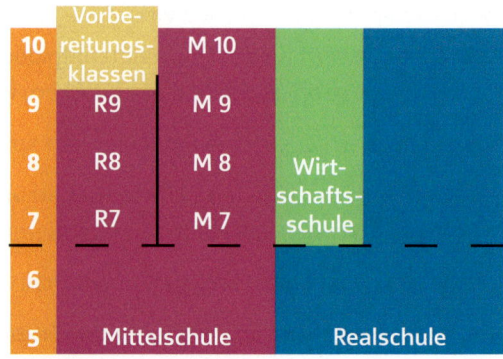

▸ Mögliche Schularten

▸ Mit dem „M-Zug" auf dem Weg zum Ziel

Der M-Zug – was ist das?

Die Mittelschule bietet dir nach der 6. Klasse die Möglichkeit, innerhalb von vier Jahren den Mittleren Schulabschluss zu erreichen. In diesem Zusammenhang spricht man vom M-Zug. Das „M" steht für Mittlere Reife. Der M-Zug beginnt in der 7. Jahrgangsstufe (M7) und endet in der 10. Klasse (M10) mit der Abschlussprüfung. Du wirst innerhalb der Mittelschule zielgerichtet auf den Mittleren Schulabschluss vorbereitet. Dieser Abschluss ist dem Realschulabschluss und dem Abschluss der Wirtschaftsschule gleichwertig. Er verleiht die gleichen Berechtigungen.

Wer darf in den M-Zug hinein?

In die M7 können Schüler, die im Zwischenzeugnis der 6. Klasse in den Fächern Deutsch, Mathematik und Englisch mindestens die Durchschnittsnote 2,66 erreicht haben. Sollte dies nicht der Fall sein, ist ein Übertritt mit den entsprechenden Noten im Jahreszeugnis der 6. Klasse möglich. Zusätzlich kann man sich einer Aufnahmeprüfung unterziehen.

Du kannst aber auch nach einer späteren Jahrgangsstufe in den M-Zug wechseln, zum Beispiel nach der 7. Klasse in die M8. Hierfür gelten jedoch andere Voraussetzungen.

▸ Wechselmöglichkeiten in den M-Zug

Wo liegen die Unterschiede zwischen M-Zug und Regelklassen?

Grundsätzlich sind die Inhalte in beiden Schulformen gleich. Allerdings weist der Lehrplan für die M-Klassen ein erhöhtes Anforderungsniveau auf. Das bedeutet, dass die Lerninhalte ausführlicher und vertiefter bearbeitet werden. Das Arbeitstempo ist im M-Zug höher. Von den Schülern wird verlangt, dass sie zügig und selbstständig arbeiten können. Die Aufgaben sind umfassender und komplizierter.

Du siehst, dass der Weg durch den M-Zug deutlich mehr von den Schülern fordert. Dies ist aber auch gerechtfertigt, da der Abschluss gegenüber dem von Realschule und Wirtschaftsschule gleichwertig ist.

1. Befragt Schüler aus der 9. Klasse nach ihren weiteren beruflichen oder schulischen Wegen.
2. Traust du dir den M-Zug zu? Begründe deine Meinung. Frage deine Lehrkräfte.
3. Erkundige dich nach den derzeit gültigen Bestimmungen für einen Übertritt in den M-Zug, die Realschule und die Wirtschaftsschule.

▸ Unterricht im Fach Wirtschaft und Kommunikation   ▸ Unterricht im Fach Ernährung ...

Welchen neuen Fächern begegnest du in der 7. Klasse?

Egal, ob du in der 7. Jahrgangsstufe die Regelklasse besuchst oder in den M-Zug wechselst: Hinsichtlich deiner Fächer wird sich einiges verändern.

Am Ende der 6. Jahrgangsstufe musst du dich entscheiden, ob du künftig bis zum Ende deiner Mittelschulzeit Musik oder Kunst als Unterrichtsfach haben möchtest. Die Wahl hängt von deinen Fähigkeiten und Interessen in diesen Bereichen ab.

Ein wichtiges Anliegen der Mittelschule ist die Vorbereitung der Schüler auf die **Arbeits- und Wirtschaftswelt**. Dafür ist insbesondere das Fach Wirtschaft und Beruf (WiB) zuständig. Außerdem kommen noch drei neue praxisbezogene Fächer hinzu.

Wirtschaft und Kommunikation (WiK)

In diesem Fach lernst du u. a. den Umgang mit modernen Informations- und Kommunikationstechniken. Du erstellst z. B. mithilfe von Programmen Briefe und Prospekte sowie Präsentationen. Neben der Anwendung der an der Schule vorhandenen Programme lernst du Internetangebote zu nutzen. Ein wichtiger Inhalt des Faches ist auch der Umgang mit eigenen und fremden Daten.

Ernährung und Soziales (ES)

Dieses Fach hat zwei Schwerpunkte. Zum einen beschäftigst du dich u. a. mit dem hauswirtschaftlichen Bereich. Dazu gehören z. B. die gesundheitsbewusste Ernährung, Fragen des Verbraucherschutzes und des Umweltbewusstseins. Darüber hinaus lernst du, welche Punkte im Zusammenleben mit anderen Menschen wichtig sind (Familie, Schule, Kindergarten, Altenheim, usw.).

▶ und Soziales

▶ Unterricht im Fach Technik

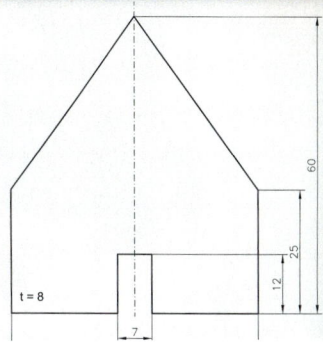

Technik (Te)

In diesem Fach beschäftigst du dich u. a. mit unterschiedlichen Werkstoffen und Materialien. Du entwirfst Skizzen und Zeichnungen von Werkstücken. Schritte zur Erstellung eines Werkstückes sind: Planung, Konstruktion, Herstellung und Bewertung.

In der 7. Klasse hast du in allen diesen drei Fächern Unterricht. Für die 8. Jahrgangsstufe wählst du einen Bereich aus. Dieser begleitet dich bis zu deinem Abschluss in der 9. bzw. 10. Klasse.

▶ Wahlmöglichkeiten nach der 7. Klasse

Außerdem kannst du – wenn es an deiner Schule angeboten wird – je nach Jahrgangsstufe weitere Wahlfächer belegen. Dazu zählen z. B. die Fächer Buchführung sowie Werken und Gestalten.

Zusätzlich zu den drei praktischen Fächern wirst du an der Mittelschule einige Betriebe direkt erleben. In der 7. Jahrgangsstufe führst du einen Schnuppertag in einer Firma durch. Außerdem machst du in der 8. und 9. Klasse ein **Praktikum** in einem Betrieb. Zwischendurch erkundest du mit der Klasse auch Betriebe, bei denen du Mitarbeitern und Mitarbeiterinnen Fragen stellen kannst.

Wirtschaftsschule und Realschule

An diesen beiden Schularten kannst du den Mittleren Schulabschluss erwerben. Die Unterschiede ergeben sich aus den Fächern. Wer ganz sicher weiß, dass er später in einen kaufmännischen Beruf will, erhält an der Wirtschaftsschule z. B. Unterricht im Fach Rechnungswesen. Die Realschule gliedert sich ab der 7. Jahrgangsstufe in verschiedene Zweige. Ansonsten wirst du an beiden Schularten in den gleichen allgemeinbildenden Fächern (Deutsch, Mathematik, Englisch, usw.) unterrichtet wie an der Mittelschule.

---

1. Erstellt eine Tabelle mit drei Spalten (WiK, ES, Te): Für welche Berufe können diese drei Fächer eine Grundlage schaffen? Notiert diese in der jeweiligen Spalte.
2. Befragt die Fachlehrer und Mitschüler aus höheren Klassen zu den drei praktischen Fächern. Was wird jeweils genau gemacht? Welche Fähigkeiten werden geschult?
3. Erkundigt euch über die Voraussetzungen zum Übertritt in die Wirtschafts- bzw. Realschule.

In diesem Kapitel lernt ihr:

› einen Überblick über eure Einnahmen und Ausgaben zu erstellen,
› bewusst mit eurem Taschengeld umzugehen,
› zu beurteilen, wie persönliche Voraussetzungen euer Kaufverhalten beeinflussen,
› Kriterien für einen verantwortungsbewussten Umgang mit eurem Geld aufzustellen,
› gesetzliche Regelungen für eure Einkäufe zu analysieren,
› Fallbeispiele zu bewerten.

GELD UND KONSUM

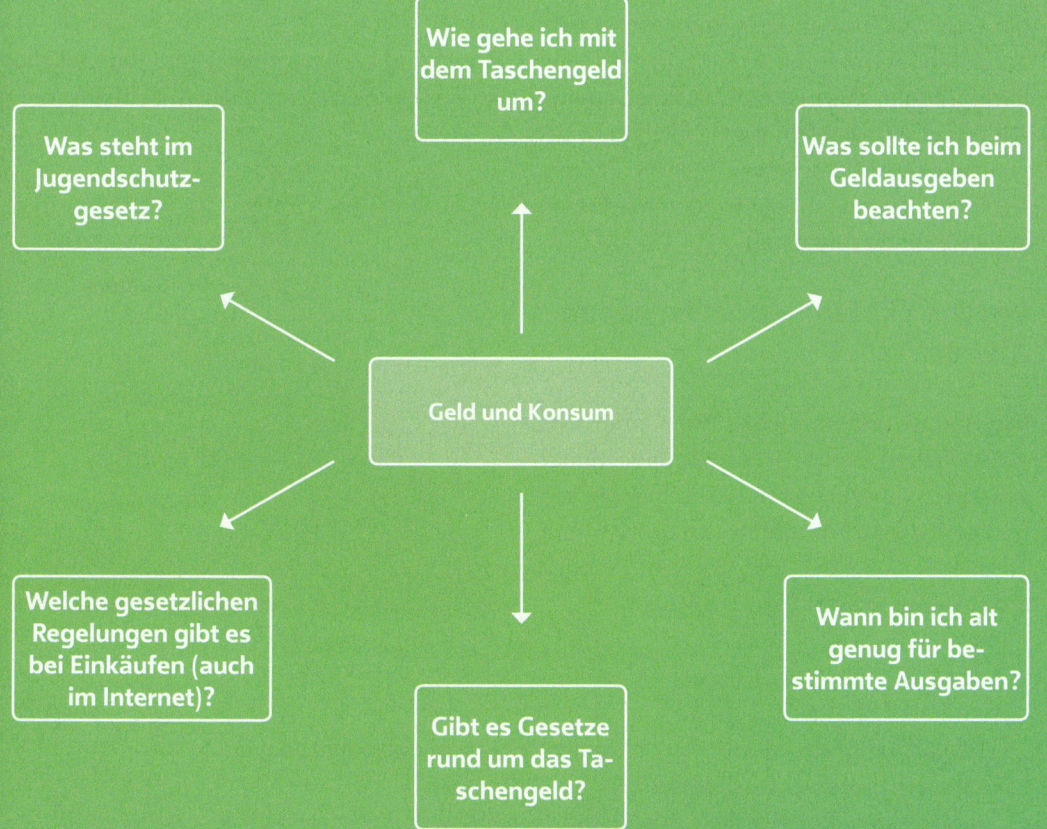

▸ Taschengeld

▸ Eigener Verdienst

▸ Geldgeschenk

Woher bekommen Kinder ihr Geld?

Die Kinder in Deutschland verfügen insgesamt über viel Geld. Umfragen und Berechnungen der KidsVerbraucherAnalyse 2015 haben ergeben: Die über sechs Millionen Kinder im Alter von 6 bis 13 Jahren haben insgesamt über fünf Milliarden Euro. Sogar die Vier- bis Fünfjährigen kommen bereits auf eine Gesamtsumme von 648 Millionen Euro pro Jahr. Dies ist eine riesige Summe. Allerdings verteilen sich die Finanzmittel nicht gleichmäßig auf alle Kinder. Manche können sich mehr leisten, andere wiederum müssen auf viele Dinge verzichten.

Hinzu kommen **Geldgeschenke** der Eltern, Großeltern und sonstigen Verwandten. Anlässe hierfür sind zum Beispiel Geburtstag, Weihnachten oder Ostern. Die Geldgeschenke haben durchschnittlich einen Wert von 170 Euro pro Jahr.

Manchmal bessern Kinder und Jugendliche ihr Taschengeld durch eigenen **Verdienst** auf.

Welche Einnahmequellen haben Kinder?

Die Haupteinnahmequelle der Kinder und Jugendlichen ist das Taschengeld. Kinder zwischen 6 und 13 Jahren bekommen derzeit im Durchschnitt monatlich knapp 28 Euro Taschengeld. Bei den Vier- bis Fünf-jährigen sind es noch etwa 11 Euro pro Monat.

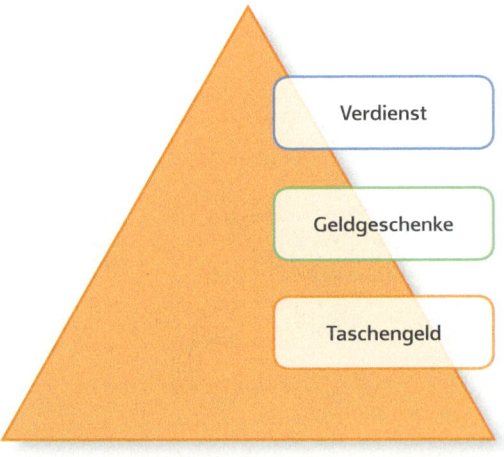

Ein **Girokonto** ist ein Konto bei einer Bank oder Sparkasse zur elektronischen Abwicklung von Einnahmen und Ausgaben.

1. Es gibt unterschiedliche Möglichkeiten der Taschengeldauszahlung:
   a) monatlich oder wöchentlich
   b) bar oder über ein Girokonto
   Diskutiert jeweils Vor- und Nachteile (nutzt dazu S. 86/87).

2. Geldgeschenke oder Sachgeschenke für Kinder und Jugendliche. Was ist sinnvoller? Diskutiert darüber in der Klasse (nutzt dazu S. 86/87).

3. Stellt in der Klasse zusammen, woher eure Einnahmen stammen.

Das Taschengeld aufbessern – aber richtig

Viele Eltern sind der Meinung, dass es sinnvoll ist, wenn ihre Kinder nicht so viel Taschengeld bekommen. Stattdessen sollen sie sich eigenständig etwas hinzuverdienen. Auf diese Weise lernen die Kinder und Jugendlichen den Wert des Taschengeldes besser zu schätzen.

Dass Schüler sich etwas hinzuverdienen möchten, gibt es schon lange. Früher geschah dies hauptsächlich in den Ferien. Da sich die Kinder und Jugendlichen aber immer mehr leisten wollen, arbeiten viele von ihnen jetzt auch während der Schulzeit.

Solche „Nebenjobs" dürfen Kinder aber erst ausführen, wenn sie mindestens 13 Jahre alt sind. Das schreibt die **Kinderarbeitsschutzverordnung** vor. Sie schützt – wie das **Jugendarbeitsschutzgesetz** – Kinder und Jugendliche vor Arbeiten, die zu früh beginnen, zu lange dauern, zu schwer oder ungeeignet sind.

Erlaubt sind zum Beispiel:
- Prospekte austragen,
- Kinder betreuen,
- Nachhilfeunterricht erteilen,
- im Haushalt helfen,
- Einkäufe tätigen,
- Haustiere betreuen.

Über die gesetzlichen Regelungen hinaus müssen Kinder und ihre Eltern darauf achten, dass unter den „Nebenjobs" die schulischen Leistungen nicht leiden.

Es gibt aber auch Nebentätigkeiten, die für Kinder und Jugendliche sinnvoll und förderlich sind. Zum Beispiel lernen sie im Rahmen des Nachhilfeunterrichts, den sie erteilen, selbst noch etwas dazu. Außerdem wird die Fähigkeit, mit anderen Menschen umzugehen, gefördert. Somit stärken sie ihre **sozialen Kompetenzen**.

▶ Nebenjob: Gassi gehen

Ein **Cartoon** ist eine Zeichnung, die ein ernstes Thema witzig darstellt.

→ Starthilfe zu 3:

Die Tabelle kann z. B. so aussehen. Übertragt in eure Hefte.

	Vorteile	Nachteile
Tätigkeit		
...		

1. Wenn du dir dein Taschengeld aufbessern möchtest, musst du gesetzliche Vorgaben beachten. Wiederhole die wichtigsten Bestimmungen (5. Klasse!).
2. Was kommt durch den Cartoon zum Ausdruck?
3. Erstellt eine Tabelle mit Vor- und Nachteilen von „Nebenjobs bei Schülern".
4. Erkläre den Begriff „soziale Kompetenzen" aus dem Text.

Geld und Konsum

▸ Sparen

▸ Geld ausgeben

▸ Geld leihen

Wie gehe ich mit Geld um?

Die meisten Kinder und Jugendlichen erhalten Taschengeld – manchmal mehr, manchmal weniger. Taschengeld zu bekommen ist sinnvoll, weil man damit schon früh lernt mit Geld umzugehen. Jeder Mensch ist aber ein anderer Typ: Der eine gibt sein Geld schnell aus, der andere spart lieber für größere Einkäufe. Welcher **Taschengeld-Typ** bist du? Die Fragen auf dem Plakat in der rechten Spalte können dir dabei helfen.

Auch Linda und ihre Klassenkameraden, Schüler der 6b einer bayerischen Mittelschule, stellen sich diese Fragen. Zuerst besprechen sie die Ergebnisse in Partnerarbeit.

Anschließend wird mit allen Resultaten eine Klassengrafik gestaltet. Die Schüler erkennen, dass jeder anders mit seinem Taschengeld umgeht.

- Kaufe ich jede Woche die gleichen Sachen?
- Kaufe ich, was mir gerade Spaß macht?
- Habe ich am Ende des Monats noch Taschengeld übrig?
- Hole ich mir Tipps und Ratschläge, bevor ich Geld für eine Sache ausgebe?
- Plane ich am Anfang des Monats, wofür ich das Geld verwenden will?
- Bin ich oft „pleite", weil ich Geld schnell ausgebe?
- Leihe ich mir Geld auch mal von anderen?
- Schreibe ich mir regelmäßig auf, wofür ich Geld ausgebe oder einnehme?

1. Schlage im Wörterbuch oder im Internet die Begriffe **Resultat** und **Grafik** nach.
2. Beantworte die Fragen zum „Taschengeld-Typ" für dich alleine.
3. Besprich dich anschließend mit deinem Tischnachbarn. Wo antwortet ihr gleich, wo völlig verschieden?
4. Tragt eure Ergebnisse in der Klasse zusammen. Dies sollte aber anonym geschehen. Was sagt die Grafik aus?
5. Warum sollten die Resultate **anonym** zusammengefasst werden?

→ Starthilfe zu 4 und 5:
Bevor du diese Aufgaben bearbeitest, kläre den Begriff „anonym".

▸ Im Fahrradladen ▸ Zeitschriften ▸ Süßigkeiten

Wofür geben Kinder Geld aus?

Linda und ihre Klassenkameraden haben nicht nur festgestellt, dass sie unterschiedliche Taschengeld-Typen sind. Sie kaufen sich auch sehr verschiedene Dinge. Während Patricio für ein neues Fahrrad spart, kauft sich Mia regelmäßig die neueste Jugendzeitschrift.

Als sie sich die unten stehende Grafik ansehen, sind sie sehr überrascht. Sie hätten nicht gedacht, dass Süßigkeiten und Geschenke so weit vorne landen. Sie können es kaum glauben und beschließen, die Mitschüler aus den anderen Klassen zu befragen.

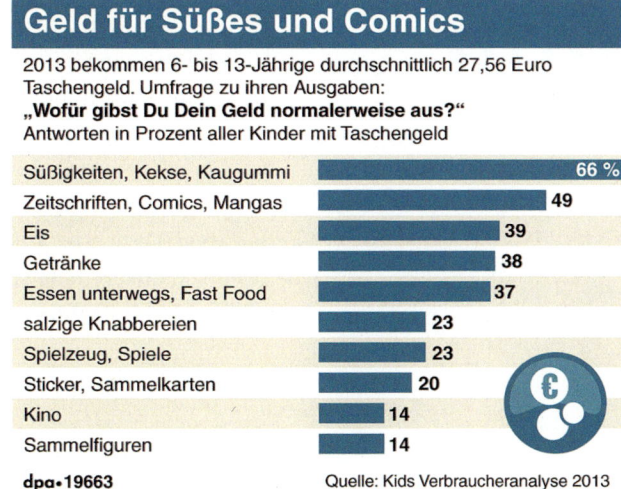

Geld für Süßes und Comics

2013 bekommen 6- bis 13-Jährige durchschnittlich 27,56 Euro Taschengeld. Umfrage zu ihren Ausgaben:
„**Wofür gibst Du Dein Geld normalerweise aus?**"
Antworten in Prozent aller Kinder mit Taschengeld

Süßigkeiten, Kekse, Kaugummi	66 %
Zeitschriften, Comics, Mangas	49
Eis	39
Getränke	38
Essen unterwegs, Fast Food	37
salzige Knabbereien	23
Spielzeug, Spiele	23
Sticker, Sammelkarten	20
Kino	14
Sammelfiguren	14

dpa·19663 — Quelle: Kids Verbraucheranalyse 2013

Prozent (%) bedeutet „von Hundert". Beispiel: 42 % heißt: 42 von 100 befragten Jugendlichen geben ihr Taschengeld für Bücher und Zeitschriften aus.

1. Wertet die Grafik aus und notiert drei wesentliche Aussagen. Erklärt die Überschrift.
2. Wofür verwendest du dein Taschengeld? Besprich dich mit einem Partner. Vergleicht eure Ausgaben mit der Grafik. Wo gibt es Unterschiede/Gemeinsamkeiten?
3. Welche Sparziele hast du? Wie lange musst du darauf sparen?
4. Befragt eure Mitschüler in den anderen Klassen, wofür sie ihr Taschengeld ausgeben. Wertet die Befragung danach in der Klasse aus und erstellt eure eigene Grafik.

→ **Starthilfe zu 1:**
Auf der Seite 54 erhältst du Tipps, wie man eine **Grafik** richtig liest.

→ **Starthilfe zu 4:**
Auf der Seite 55 erfährst du, wie man eine **Befragung** durchführt.

Geld und Konsum

Eine Grafik oder ein Diagramm auswerten

Eine **Grafik** ist ein anderes Wort für Schaubild, Zeichnung, Diagramm.

Grafiken, Diagramme und Schaubilder findest du sehr oft und überall, z. B. im Mathematikunterricht, in Zeitungen und Zeitschriften. Sie vermitteln einen Überblick zu den Ergebnissen eines Themas. Außerdem soll durch Schaubilder eine Nachricht leichter zu verstehen sein. Damit dir die Auswertung von Grafiken und Diagrammen gelingt, erhältst du im Folgenden einige Tipps.

Was ist ein Diagramm?

Ein Diagramm ist eine Zeichnung, in der Zahlen und Zusammenhänge dargestellt sind. Du kennst bestimmt schon folgende Arten von Diagrammen:

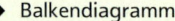

▸ Balkendiagramm

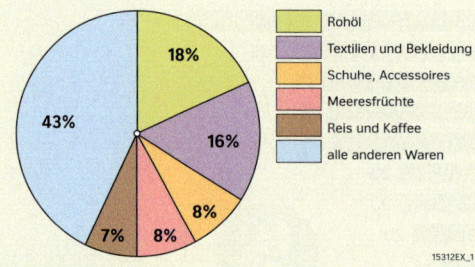
▸ Säulendiagramm

▸ Kreisdiagramm

Wie lese ich ein Diagramm richtig?

Bei einem **Balkendiagramm** werden die Zahlen als **waagrechte** Balken von links nach rechts dargestellt. Bei einem **Säulendiagramm** findest du die Ergebnisse als Säulen **senkrecht** von unten nach oben. Ein **Kreisdiagramm** stellt die Informationen **kreisförmig** dar. Bei nahezu allen Diagrammen beziehen sich die dargestellten Werte auf 100 Prozent (100 %). Wenn in einer Grafik **42 von 100** befragten Kindern und Jugendlichen sagen, dass sie ihr Taschengeld für Zeitschriften und Bücher ausgeben, dann sind das **42 Prozent (42 %)**.

Manchmal sind in einem Diagramm anstatt Prozentwerte (%) auch absolute Zahlen angegeben.

Beispiel: Eine Befragung zum Bereich „Pausenverpflegung" brachte folgendes Ergebnis:
– 15 Schüler nutzen den Pausenverkauf
– 15 Schüler haben Obst dabei
– 10 Schüler essen Süßwaren
– 12 Schüler trinken nur etwas
– 9 Schüler essen oder trinken nichts.

Allen Diagrammen gleich ist aber, dass sich immer zwei Werte oder Aussagen aufeinander beziehen. In unserem Beispiel bezieht sich die **Schülerzahl** auf die **Pausenverpflegung**.

Wie werte ich ein Diagramm aus?

Um eine Grafik richtig lesen zu können, muss ich wissen,…
– worum es eigentlich geht (Thema),
– ob es Prozent- oder absolute Zahlen sind,
– auf welche Frage sich die jeweilige Antwort bezieht (welche Werte zusammengehören).

Was dich auch interessieren sollte: Wer hat diese Grafik eigentlich erstellt? Sollst du beeinflusst werden?

Eine Befragung durchführen

Wie wird die Befragung vorbereitet?

Damit die Befragung eurer Mitschüler gelingt, solltet ihr im Vorfeld Folgendes erledigen:
- Notizblock und Stift bereitlegen,
- Fragen aufschreiben,
- Tabelle (oder Anderes) für die Antworten festlegen,
- Interviewpartner bzw. die anderen Klassen über den Zeitpunkt und den Grund der Umfrage informieren,
- überlegen, warum es sinnvoll sein kann, genau 100 Mitschüler zu befragen.

▸ Befragung auswerten

▸ Mitschüler befragen

Interview: Das Wort „Interview" ist ein anderer Begriff für „Befragung" (interviewen = befragen).

Wie erfolgt die Auswertung der Befragung?

Die Ergebnisse deiner Interviews sollen für dich und deine Klasse gewinnbringend sein. Beachte hierzu die nachstehenden Punkte:
- Ordne die Antworten der jeweiligen Frage zu.
- Stelle die Ergebnisse in einem Diagramm dar: Wie viele Personen waren es bei den verschiedenen Antworten?

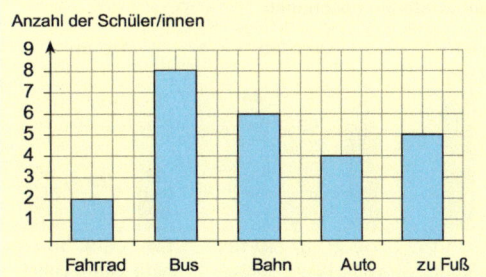
▸ Beispieldiagramm

- Überlege, wie du dieses Diagramm in der Klasse für alle sichtbar machst.
- Vielleicht willst du die Ergebnisse auch über die Klasse hinaus in der Schule präsentieren (Plakat, Schulversammlung, etc.).
- Vergleiche deine Ergebnisse mit der offiziellen Grafik: Wo gibt es Gemeinsamkeiten, wo sind Unterschiede?
- Tausche dich mit deinen Mitschülern darüber aus, was bei der Befragung gut bzw. weniger gut gelaufen ist.

Was ist bei der Durchführung der Befragung zu beachten?

Für einen reibungslosen Ablauf der Befragung helfen dir diese Tipps:
- Mitschüler kurz um die Beantwortung einiger Fragen bitten,
- Fragen geordnet vorbringen,
- aufmerksam zuhören,
- die Antworten übersichtlich und leserlich in Stichpunkten notieren,
- bei ungenauer Auskunft höflich nachfragen,
- etwas wiederholen lassen, wenn man mit dem Aufschreiben nicht nachkommt,
- Schwieriges und Unbekanntes erklären lassen,
- sich für die Befragung bedanken.

Geld und Konsum

Konsument/ Konsumenten ist ein anderer Begriff für Verbraucher.

Die Kaufkraft gibt an, wie viel man sich für einen bestimmten Geldbetrag kaufen kann.

▸ Kinder haben Geld und kaufen gerne.

Warum sind Kinder begehrte Konsumenten?

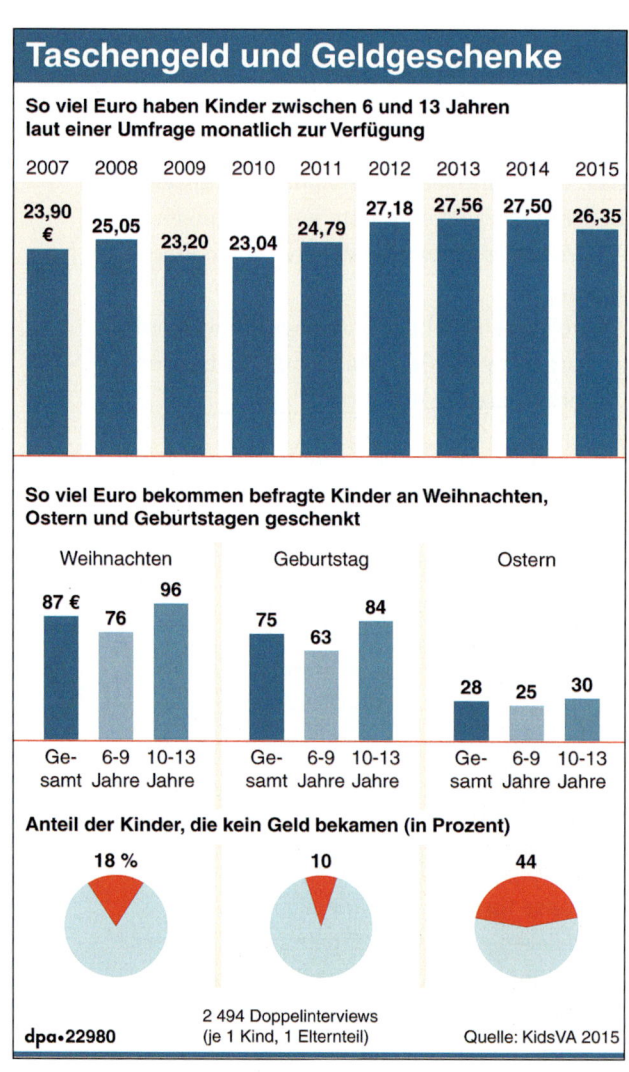

Kinder sind begehrte Kunden in den Geschäften. Sie verfügen über viel Geld, das sie in den meisten Fällen eigenständig ausgeben können. Nach aktuellen Untersuchungen ist die Kaufkraft von Kindern und Jugendlichen heute so groß wie selten zuvor.

Viele Produkte werden nur deshalb angeboten, weil sie gezielt die Wünsche von Kindern treffen. Hierzu zählen Computerspiele, Zeitschriften, Sportartikel und anderes.
Auf diese Weise sind Kinder zu wichtigen Käufern geworden. Sie stellen eine attraktive Zielgruppe für die Werbung dar. Diese will das Kaufverhalten der Kinder beeinflussen. Stars, Models und Sportler wecken als Werbeträger Wünsche bei den Kids. Sie preisen als Vorbilder (Idole) Produkte an, die man selber haben möchte. Sie zeigen, was „cool" und „in" ist.

Kinder sind über neue Produkte meist gut informiert. Sie kennen die aktuellen Trends auf dem Markt. Besonders bei Sportartikeln, Jeans und Smartphones spielt die Marke eine wichtige Rolle.

Viele Schülerinnen und Schüler, deren Eltern nicht das Geld für teure Markenartikel haben, leiden darunter, dass sie nicht „in" sein können.

1. Wie versuchen Unternehmen, die Kinder und Jugendlichen zum Kauf ihrer Produkte anzuregen?
2. Zähle Werbung auf, die besonders dich ansprechen soll.

Welche Rolle spielen Marken?

Bei vielen Kaufentscheidungen steht der Wunsch der Kids im Vordergrund, dazuzugehören. Deshalb legt ein großer Teil der Kinder und Jugendlichen Wert auf modische Produkte. Shoppen ist eine weitverbreitete Freizeitbeschäftigung.

▸ Clique

Viele Kinder und Jugendliche gehen nur aus Langeweile shoppen. Mehr als andere Bevölkerungsgruppen stehen Schüler unter dem Zwang, etwas kaufen zu müssen. Dabei ist das Markenbewusstsein bei Textilien besonders ausgeprägt. Das zeigt sich insbesondere bei Sachen, die äußerlich sichtbar sind, zum Beispiel Kleidung, Taschen, Rucksäcke.

Zahlreiche Marken haben **Kultcharakter**. Damit ist in diesem Zusammenhang die übertriebene „Verehrung" der betreffenden Gegenstände gemeint. Außerdem sind sie oft **Statussymbol**. Das bedeutet, dass Markenware als Zeichen der Zugehörigkeit zu bestimmten Personengruppen (Clique) gilt. Sie dient auch dazu, die eigene Persönlichkeit herauszustellen.

Markenartikel
Von Kindern gewünscht, von Eltern gekauft

	So viel Prozent der 10- bis 13-Jährigen finden die Marke wichtig bei	Bei so viel Prozent der 10- bis 13-Jährigen wird der Markenwunsch meistens erfüllt
Sportschuhen	72,0 %	51,1
Handys/Smartphones	67,4	34,5
Bekleidung	65,7	50,9
Spielkonsolen/Handhelds	62,9	30,4
Taschen/Rucksäcken	60,9	48,9
süßen Brotaufstrichen	53,2	39,2
Schulsachen, Stiften, Füller	51,5	48,3
Getränken	49,8	39,0
Kaugummi	45,9	33,3
Spielsachen	45,8	36,9

repräsentative Befragung von 2 494 Kindern zwischen 6 und 13 Jahren und jeweils einem Elternteil 2014/2015
Quelle: Egmont Ehapa Media (KidsVA)
© Globus 10464

---

1. Bei welchen Produkten sind für dich Markenartikel wichtig? Vergleiche dein Kaufverhalten mit dem oben stehenden Schaubild.
2. Wo und wie informierst du dich darüber, welche Dinge gerade „in" sind?

Wie komme ich mit meinem Geld zurecht?

Meine Einnahmen und Ausgaben im Februar

Das habe ich eingenommen		Das habe ich ausgegeben	
– Taschengeld	15,00 €	– Zeitschrift	3,00 €
– Geschenk von Oma	30,00 €	– Musik-Geschenkkarte	15,00 €
– Autowaschen	5,00 €	– Shirt	19,95 €
– Belohnung für das Zeugnis	10,00 €	– Süßigkeiten	20,00 €
	60,00 €		**57,95 €**

▸ Der persönliche Einnahmen- und Ausgabenplan von Lisa aus der Klasse 6a.

Das ist eigentlich nichts anderes als ein Kalender. Allerdings trägst du keine Termine ein, sondern schreibst auf, was du im Monat einnimmst und ausgibst.

Wie führst du einen Einnahmen- und Ausgabenplan?

Du legst zwei Spalten an. In der linken Spalte notierst du alle Einnahmen. In die rechte Spalte kommen alle Ausgaben. Einnahmen und Ausgaben werden addiert. Auf diese Weise erkennst du,
– wofür du Geld ausgegeben hast,
– wie hoch die einzelnen Beträge gewesen sind,
– was übrig geblieben ist,
– worauf du verzichten musst.

▸ Lisa legt ihren Einnahmen- und Ausgabenplan an.

Vielleicht geht es dir auch so. Du bekommst regelmäßig Taschengeld oder kannst über andere Einnahmequellen verfügen. Trotzdem reicht dein Geld häufig nicht. Woran liegt das? Eigentlich hast du nichts Großartiges gekauft. Wenn du darüber nachdenkst, kannst du dich nicht erinnern, wofür du dein Geld ausgegeben hast. Ein einfacher **Einnahmen- und Ausgabenplan** verschafft dir einen Überblick.

Lisa weiß, dass ihre Mutter im März Geburtstag hat. Um ein Geschenk kaufen zu können, muss sie in diesem Monat ihre persönlichen Wünsche einschränken. Auf diese Weise braucht sie sich von niemandem Geld zu leihen. Solche **außergewöhnlichen Ausgaben** müssen also rechtzeitig eingeplant werden.

▸ Ich bin pleite!

▸ Ich bin verzweifelt!

Bei Lisas Freundin Katharina herrscht ständig Geldmangel. Sie kommt mit ihrem Taschengeld in Höhe von 16 Euro monatlich nicht aus. Deshalb hat sie sich schon häufig Geld von einem Klassenkameraden ausgeliehen. Inzwischen hat Katharina bei ihm schon 20 Euro Schulden. Um diese zu begleichen, reicht nicht einmal mehr das Taschengeld. In ihrer Not bittet sie ihre Eltern um eine Erhöhung von 16 auf 20 Euro. Von ihren Schulden verrät sie aber nichts. Auf Nachfrage ihres Vaters, was sie denn mit ihrem Geld gemacht habe, kann Katharina keine Antwort geben.

Sie hat versäumt, die Rückzahlung ihrer Schulden in ihren Einnahmen- und Ausgabenplan zu berücksichtigen. Katharina darf nicht mehr ausgeben, als sie zur Verfügung hat.

Am Beispiel Katharinas siehst du, dass auch Kinder einen Überblick über ihre Einnahmen und Ausgaben haben müssen. So können sie ihr Geld einteilen. Dies gilt übrigens auch für Familien, Geschäfte oder Betriebe. Nicht alle Kinder führen einen Einnahmen- und Ausgabenplan. Es gibt dazu unterschiedliche Meinungen.

Jannik sagt: „Ich merke mir, was ich erhalte und ausgebe." Julia erwidert: „Mit meinem Plan kann ich alle Ausgaben belegen. So habe ich einen guten Überblick über meine Finanzen."

Es gibt gute Gründe für einen Haushaltsplan. Wenn du ihn führst, solltest du auf Folgendes achten:
– führe ihn übersichtlich und regelmäßig,
– trage **sämtliche** Einnahmen und Ausgaben ein,
– rechne täglich oder wöchentlich ab.

Einen Einnahmen- und Ausgabenplan nennt man auch **Haushaltsplan**.

▸ Ich brauche einen Überblick!

1. Lege dir einen ähnlichen Einnahmen- und Ausgabenplan (Haushaltsplan) wie Lisa an. Führe ihn eine Woche lang. Berichte in der Klasse über deine Erfahrungen.

2. Wie müssen richtig geführte Einnahmen- und Ausgabenpläne aussehen? Gestaltet verschiedene Entwürfe und vergleicht sie.

3. Werden in eurer Familie Haushaltspläne geführt? Befragt eure Eltern, Verwandte und Bekannte über ihre Erfahrungen dazu.

▸ Saskia und Michaela beim Schaufensterbummel

Konsum ist ein anderes Wort für Verbrauch. (Konsument = Verbraucher konsumieren = verbrauchen)

Saskia trifft sich regelmäßig mit ihrer Freundin Michaela. Die beiden Mädchen bummeln dann immer durch die Geschäfte. Sie haben viele **Wünsche**. Wenn sie die Schaufenster betrachten, kommen ständig neue hinzu. **Bedürfnisse** hätten die beiden Mädchen genug. Allerdings reicht ihr Geld nicht aus, um sich alle Wünsche zu erfüllen. Deshalb gehen ihnen folgende Fragen durch den Kopf:
– Was möchten wir haben?
– Was brauchen wir tatsächlich?
– Was können wir uns leisten?
Saskia und Michaela stellen fest, dass sie sich nicht alle Wünsche sofort erfüllen können. Manche Bedürfnisse bleiben offen.

Wie Saskia und Michaela hat jeder Mensch Wünsche. Diese Wünsche nennt man Bedürfnisse. Auch du hast sicherlich vielfältige Bedürfnisse, die du dir erfüllen möchtest. In diesem Zusammenhang spricht man allerdings nicht davon ein Bedürfnis zu erfüllen. Man sagt: Ein Bedürfnis befriedigen.

Wenn du dir mit Geld ein Bedürfnis befriedigst, bezahlst du für eine Ware oder eine Dienstleistung. In diesem Zusammenhang sprechen wir von Konsum.

Das Wichtigste bei der Erfüllung deiner Wünsche ist, dass du mit deinem Geld auskommst. Das heißt, du musst gut wirtschaften. Dabei hast du zwei Möglichkeiten:
a) Du versuchst für dein Geld möglichst viele Dinge zu bekommen.

b) Du versuchst, das was du kaufen willst, für möglichst wenig Geld zu erhalten.

Die beiden Möglichkeiten sind in der Wirklichkeit nicht immer einfach umzusetzen.

1. a) Notiere auf einer Wortkarte zehn Bedürfnisse, die für dich wichtig sind.
   b) Sammelt alle Wortkarten an der Tafel und ordnet sie nach **Grundbedürfnissen** sowie **Kultur- und Luxusbedürfnissen**. Was stellt ihr fest?
2. a) Welche der beiden **Möglichkeiten des Wirtschaftens** hast du bei einem Einkauf bereits angewendet? Berichte.
   b) Begründet, warum sie in der Wirklichkeit nicht immer einfach umzusetzen sind.

▸ Unterstützung des Verbrauchers

Wer unterstützt den Verbraucher?

Du hast gesehen, dass es nicht immer einfach ist, wirtschaftlich zu handeln. Das liegt einerseits an der teilweise unübersichtlichen Vielfalt des Warenangebots. Andererseits hast du nicht immer die Zeit und die Geduld, Preise und Qualität zu vergleichen.

Preisvergleiche in verschiedenen Geschäften lohnen sich. Manchmal helfen Sonderangebote, Geld zu sparen. Für bekannte Marken bei Kleidung, Sportschuhen, Schultaschen und anderem musst du meistens einen höheren Preis zahlen. Allerdings sind die teuren Produkte nicht in jedem Fall die besseren.

Beim Kauf spielt aber nicht nur der **Preis** allein eine Rolle. Vielmehr sind **Haltbarkeit** und **Qualität** mindestens genauso wichtig. Wenn du dich zum Beispiel für ein Smartphone interessierst, solltest du dich vor dem Kauf genau informieren.

Dabei helfen dir die Verbraucherzentralen. Dort kannst du dich erkundigen, ob es aktuelle Testergebnisse der Stiftung Warentest für dein Produkt gibt. Die Stiftung Warentest vergleicht, testet und bewertet regelmäßig die verschiedensten Produkte. Das Testurteil „gut" oder „sehr gut" ist die beste Werbung für ein Produkt.

Vincent spart schon seit einigen Wochen für eine neue Musikanlage. Ein Freund rät ihm, diese in einem **Fachgeschäft** zu kaufen: „Dort erhältst du eine gute und ausführliche **Beratung**. Bei Problemen hast du einen persönlichen **Ansprechpartner**." Manchmal reparieren Fachgeschäfte sogar Produkte selbst.

Was du kaufst, sollte dir Spaß machen und möglichst lange halten. Benutzerfreundlichkeit, lange Lebensdauer und gute Qualität verlangen aber auch einen angemessenen Preis. Auf Elektrogeräte geben die Geschäfte in der Regel zwei Jahre **Garantie**. Du musst deshalb den Kassenzettel aufbewahren, damit du einen Nachweis über das Kaufdatum hast. Es empfiehlt sich auch die Originalverpackung aufzuheben. Bei der Rücksendung zur Reparatur wird sie benötigt.

Staatliche Verbraucherzentralen gibt es in jedem Bundesland. Sie informieren, beraten und unterstützen die Verbraucher.

Die Stiftung Warentest wurde 1964 gegründet. Sie bietet dem Verbraucher durch Tests von Waren und Dienstleistungen eine unabhängige Unterstützung an.

1. Informiere dich im Internet, ob es in deiner Nähe eine Verbraucherzentrale gibt.
2. Die Verbraucherzentrale bietet auch eine Online-Beratung an. Recherchiere, zu welchen Themen du dich beraten lassen kannst.
3. Vincent möchte eine neue Musikanlage. Er will sich bei der Stiftung Warentest informieren. Wie geht er vor? Du kannst ihm dabei helfen.

→ Starthilfe zu 1-3:
Internetrecherche!

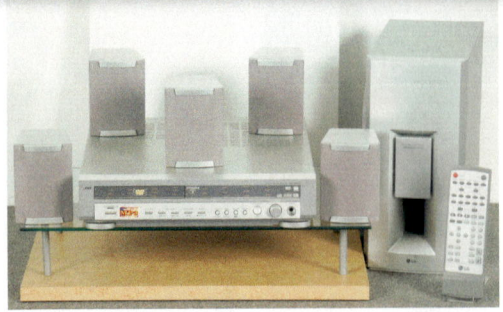

▸ Musikanlage

Wann bist du ein verantwortungsbewusster Käufer?

Als Schüler der 6. Klasse weißt du bereits viel über deine Rolle als Verbraucher (Konsument).
- Du bist dir darüber im Klaren, woher dein verfügbares Geld kommt.
- Du kennst Möglichkeiten, dein Taschengeld aufzubessern.
- Du kannst mit deinem Geld umgehen.
- Du kannst nachvollziehen, warum du ein begehrter Konsument bist.
- Du hast die Bedeutung von Markenartikeln kennengelernt.
- Du weißt, wie du mit deinem Geld zurechtkommen kannst.
- Du kennst den Zusammenhang von Wünschen und Konsum.
- Du hast erfahren, wer dich als Verbraucher unterstützen kann.

Trotzdem bist du mit deinen Kaufentscheidungen nicht immer zufrieden, weil mitunter Probleme auftreten. Beispiel: Vielleicht hast du dir schon einmal eine hochwertige **Musikanlage** angeschafft. Kurze Zeit später stellst du fest, dass sie woanders wesentlich preiswerter angeboten wird. Außerdem verfügt die Anlage wider Erwarten nicht über bestimmte Funktionen, die du dir eigentlich vorgestellt hast. Das alles ärgert dich.

Planmäßig vorgehen
Aus diesem Grund ist es wichtig, dass du bei allen deinen Kaufentscheidungen **planmäßig** und nach bestimmten **Regeln** (Kriterien) vorgehst. Dies könnte folgendermaßen aussehen:

Wenn du nach diesem Plan vorgehst, stellst du dir zu Beginn einige Fragen, z. B.:
- Wie viel Geld steht mir zur Verfügung?
- Welche Angebote gibt es in dieser Preislage?
- Was erwarte ich von dem Produkt?

Vorteile beim Einkaufen
Du hast viele Möglichkeiten, einzukaufen. Wer beim Einkauf überlegt, planvoll vorgeht und **Angebote** nutzt, spart viel Geld. So kannst du beispielsweise bestimmte Bücher oder CDs **ausleihen**, anstatt sie zu kaufen. Bei einigen Dienstleistungen (z. B. Kino) gibt es Tage, an denen der **Preis ermäßigt** ist. Außerdem kannst du Geld dadurch sparen, dass du auf **gebrauchte Waren** zurückgreifst (z. B. Computerspiele). Sie sind deutlich günstiger als neue. Auch über **Tauschbörsen** kannst du Dinge günstig erwerben.

Kriterien = Regeln = Prüfsteine.

▸ Gesunde Ernährung

▸ Umwelt schonen

Gesund und umweltbewusst einkaufen

Bei allen Kaufentscheidungen trägst du auch eine Verantwortung für deine **Gesundheit**. Viele Kinder geben einen Großteil ihres Taschengeldes für Süßigkeiten, Snacks, Fastfood oder Limonade aus. Kalorienreiche und fetthaltige Nahrung ist nicht gesund. Hinzu kommt, dass man sie häufig unkontrolliert zu sich nimmt. Ärzte empfehlen Obst statt Süßigkeiten sowie Mineralwasser statt Limo und Cola.

Mit regelmäßigen Essen aus Fastfood-Ketten schadest du nicht nur deiner Gesundheit, sondern oft auch der **Umwelt**.

Plastikbecher, Getränkedosen oder Styroporgefäße zum Warmhalten sind Abfälle, welche die Umwelt belasten. Als ökologisch verantwortungsbewusster Käufer vermeidest du umweltschädliche Verpackungen. Stattdessen verwendest du Papiertüten. Beim Kauf von Batterien achtest du auf wiederaufladbare Akkus.

Zur **Schonung der Umwelt** kannst du auch als **Schüler oder Schülerin** einen Beitrag leisten. Verhalte dich beim Einkauf deiner Schulsachen ökologisch verantwortlich. Verwende zum Beispiel:
- Block aus Recycling-Papier
- Packpapier statt Plastikeinbände für Bücher
- Buntstifte statt Filzstifte
- Füller zum „Nachtanken" statt Patronen

Deine Macht als Verbraucher/in

Übrigens, deine Einkaufsgewohnheiten beeinflussen nachhaltig das Warenangebot in den Märkten. **So wie du kaufst, wird auch produziert.** Du hast also bei deinen Einkäufen eine große Verantwortung.

> Ökologisch bedeutet umweltbewusst, auf die Umwelt achtend.

---

1. Finde weitere Fragen zum Plan auf der linken Seite.

2. Bei der Auswertung von Informationen ist es sinnvoll, zunächst Kriterien aufzustellen. Sie werden miteinander verglichen. Für eine Musikanlage könnten das sein: Marke, System, Ausstattung, Preis usw.

   Sucht aus euren Informationsquellen die entsprechenden Angaben heraus und vergleicht sie in einer Tabelle.

3. Neben den oben genannten Kriterien spielen der Beschaffungsaufwand (Weg, Zeit), die Serviceleistungen sowie die Qualität eine Rolle. Diskutiert darüber.

4. Erstellt einen Kriterienkatalog für einen verantwortungsbewussten Konsumenten. Verwendet auch die Informationen der vorherigen Seiten.

5. Finde Beispiele zur Aussage im Text „So wie du kaufst, wird auch produziert."

Geld und Konsum

Warum?
Wie oft?
Wie?
Wie viel?
Ab wann?
Wofür?

▸ Fragen zum Thema „Taschengeld"

Wozu Taschengeld? Geht es auch ohne?

Zum Thema Taschengeld haben Eltern und Kinder häufig ganz unterschiedliche Ansichten. Das betrifft nicht nur die Höhe des Taschengeldes. Manche Eltern sind der Meinung, dass man Kindern überhaupt kein regelmäßiges Taschengeld geben sollte.

Experten sind Fachleute, Sachverständige, also Menschen, die sich mit einem Thema sehr gut auskennen.

Es gibt also gute Gründe für Taschengeld. Eltern sollten diese kennen. Allerdings sind bestimmte Regeln zu beachten. Experten haben folgende Tipps:

Meine Kinder erhalten Geld für gute Noten in der Schule oder für Arbeiten, die sie im Haushalt erledigen. So gewöhnen sie sich daran, dass man sich nur etwas leisten kann, wenn man etwas leistet.

Eigentlich ist die Meinung des Vaters sinnvoll. Vielleicht ließe sich auf diese Weise manches Kind dazu bewegen, des Öfteren sein Zimmer aufzuräumen. Obwohl Kinder grundsätzlich kein Recht auf Taschengeld haben, gibt es gute Gründe dafür.
Die Schüler der Klasse 6a einer bayerischen Mittelschule suchen Antworten auf die Frage, warum es sinnvoll ist, dass Kinder Taschengeld bekommen.

Taschengeld sollte wöchentlich oder monatlich ausbezahlt werden.

Taschengeld ist nicht für notwendige Anschaffungen (z. B. Schulsachen) bestimmt.

Kinder dürfen frei entscheiden, wofür sie ihr Geld ausgeben.

Ausgegebenes Taschengeld darf nicht wieder ersetzt werden.

Taschengeld sollte nicht als Strafe gekürzt werden (Beispiel: schlechte Noten).

Taschengeld muss dem Alter der Kinder angemessen sein und den finanziellen Verhältnissen der Familie entsprechen.

Gründe für Taschengeld
- sparen lernen
- lernen, Geld einzuteilen
- ...

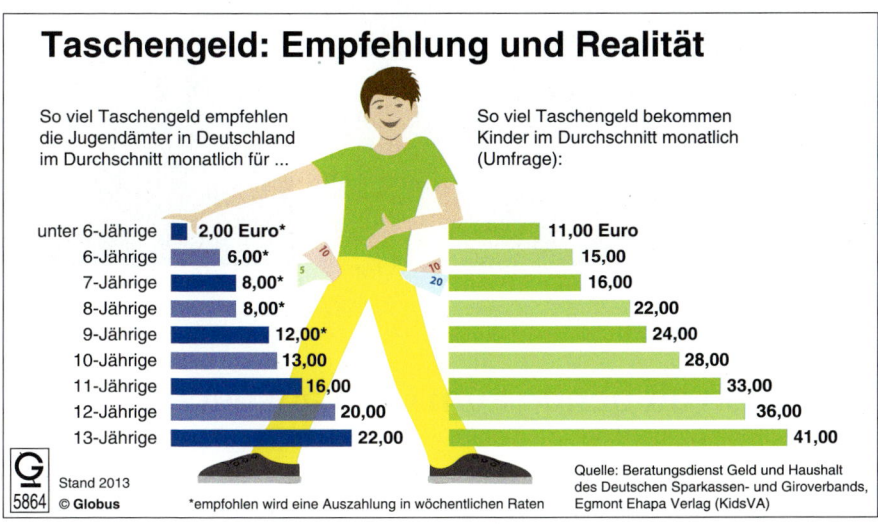

Wie viel Taschengeld kannst du verlangen?

Grundsätzlich kannst du gar nichts verlangen. Deine Eltern zahlen dir das Taschengeld freiwillig. Die Höhe hängt davon ab, wie viel deine Eltern verdienen und ob du noch weitere Geschwister hast. Außerdem ist dein Alter entscheidend. Weitere Aspekte sind:
- Freundeskreis
- Wohnort
- Schule
- **Orientierungswerte** …

Alle diese Gesichtspunkte solltest du zusammen mit deinen Eltern besprechen. Gemeinsam mit ihnen kannst du die Höhe deines Taschengeldes festlegen und nach einiger Zeit neu besprechen.

Experten schlagen bezüglich der Höhe des Taschengeldes oben stehende **Orientierungswerte** vor.

▸ „… und denkt daran: Wir müssen mal für eure Rente aufkommen!"

Der Begriff **Aspekt** bedeutet so viel wie Gesichtspunkt, Blickwinkel.

---

1. Sammelt weitere Gründe, warum Taschengeld sinnvoll ist.
2. Erklärt die Expertentipps auf der linken Seite anhand von Beispielen.
3. Inwiefern beeinflussen Freundeskreis, Wohnort und Schule die Höhe des Taschengeldes? Besprecht die Frage in der Gruppe.
4. Schreibe eine Woche lang auf, was deine Eltern außer dem Taschengeld für dich ausgeben. Sprecht anschließend darüber in der Klasse.
5. Führt eine Erhebung der Taschengeldhöhe in eurer Klasse durch. Es dürfen dabei allerdings keine Namen genannt werden. Stellt das Ergebnis in einer Übersicht zusammen.

▸ Geschäfte abschließen in verschiedenen Altersstufen

Bist du schon alt genug zum Geld ausgeben?

Wenn du dir etwas kaufst, tauschst du einen Teil deines Geldes gegen einen Gegenstand (Ware). Man spricht dabei allgemein von einem **Geschäft**. Um Kinder und Jugendliche vor unüberlegten Geschäften zu schützen und zu bewahren, gibt es gesetzliche Vorgaben. Im Bürgerlichen Gesetzbuch (BGB) ist festgelegt, wer in welchem Alter welche Geschäfte machen darf. Dabei spricht man von **Geschäftsfähigkeit**. Es gibt drei Arten der Geschäftsfähigkeit, die vom jeweiligen Alter abhängen.

Was bedeuten diese Bestimmungen?

Kinder unter 7 Jahren sind **geschäftsunfähig**. Sie dürfen also keine Geschäfte durchführen. Im Alter zwischen 7 und 18 Jahren sind Kinder und Jugendliche **beschränkt geschäftsfähig**. Sie brauchen zu bestimmten Geschäften die Zustimmung ihrer Eltern.
Ab 18 Jahren, dem Beginn der Volljährigkeit, ist man **voll geschäftsfähig**. Bei allen Geschäften kann man allein entscheiden. Die Eltern müssen nicht mehr zustimmen.

1. Erkläre die drei Begriffe mit eigenen Worten: **geschäftsunfähig**, **beschränkt geschäftsfähig**, **voll geschäftsfähig.**
2. Warum gibt es diese gesetzlichen Bestimmungen?
3. Berichte, welche Geschäfte du mit Einwilligung deiner Eltern bereits gemacht hast.

Darfst du dir von deinem Geld alles kaufen?

Marion ist 15 Jahre alt und möchte sich zu ihrem Smartphone einen schicken Bluetooth-Lautsprecher kaufen. Dafür hat sie schon lange das Taschengeld gespart. Nachdem Marion einige Geräte bezüglich Preis und Qualität verglichen hat, kauft sie sich den Testsieger für 125 Euro. Ihre Eltern sind aber gar nicht einverstanden. Sie möchten, dass Marion das Gerät wieder zurückgibt. Marion weigert sich. Wer hat nun Recht? Ist der Kauf gültig? Können die Eltern die Rücknahme des Geräts durch den Händler verlangen?

Grundsätzlich ist Marion **beschränkt geschäftsfähig**. Sie braucht also für Geschäfte die Zustimmung ihrer Eltern. Damit aber Kinder und Jugendliche den Umgang mit Geld lernen, gibt es im Gesetz den sogenannten „**Taschengeldparagrafen**". Du findest ihn im Bürgerlichen Gesetzbuch (BGB, §110):

Mit dem Wort **Paragraf** bezeichnet man einen Abschnitt in einem Gesetzbuch. Es wird mit dem Paragrafenzeichen gekennzeichnet: §.

> **INFO**
>
> § 110 BGB: „Ein von dem Minderjährigen ohne Zustimmung des gesetzlichen Vertreters geschlossener Vertrag gilt als von Anfang an wirksam, wenn der Minderjährige die vertragsgemäße Leistung mit Mitteln bewirkt, die ihm zu diesem Zweck oder zur freien Verfügung von dem Vertreter oder mit dessen Zustimmung von einem Dritten überlassen worden sind."

Was bedeutet dieser Paragraf für unser Beispiel? Er besagt, dass Kinder und Jugendliche zwischen 7 und 18 Jahren ihr Taschengeld ausgeben dürfen. Die Eltern müssen nicht zustimmen. Allerdings gilt dies nur für Beträge, die mit dem Taschengeld auch zu bezahlen sind. Marion bekommt als Fünfzehnjährige 35 Euro Taschengeld im Monat. Es ist also durchaus möglich, dass sie sich den Betrag für den Lautsprecher zusammengespart hat. Deshalb können die Eltern nichts gegen den Kauf einwenden.

Natürlich ist es nicht immer einfach zu entscheiden, wer Recht hat. Im Gesetz steht nämlich nicht genau, ab welchem Betrag der Kauf in Ordnung geht. Kaufpreis und die Höhe des Taschengeldes müssen immer in einem vernünftigen Verhältnis stehen.

▸ Bluetooth Lautsprecher

▸ Streit zwischen Marion und ihrer Mutter.

1. Was bedeutet der Begriff „**beschränkt geschäftsfähig**" im Zusammenhang mit dem Taschengeldparagrafen?
2. Wäre der Kauf auch gültig, wenn Marion für den Lautsprecher 350 Euro aufwenden müsste? Begründe.

Wie würdest du entscheiden?

In den folgenden Beispielen sollst du entscheiden, ob die Geschäfte rechtsgültig sind.

Vincent kauft ein DFB-Trikot
Vincent ist 8 Jahre alt. Er hat viele Wünsche. Ein Freund besitzt das neue DFB-Trikot. Er macht Vincent ein Angebot: „Kauf mir doch das Trikot ab. Bei mir ist es viel billiger als im Laden." Vincent ist begeistert. Er bezahlt seinem Freund 50 Euro.

Samuel kauft sich neue Sportschuhe
Samuel ist 11 Jahre alt. Er kauft sich spontan neue Sportschuhe für 75 Euro, die er bei einem Freund gesehen hat. Voller Stolz zeigt er sie seinen Eltern. Diese sind nicht einverstanden und bringen die Schuhe zurück ins Geschäft.

Emilia kauft ein Longboard
Die 14-jährige Emilia kauft sich ein Longboard zum Preis von 90 Euro. Der Verkäufer zögert, verkauft ihr aber letztendlich das Board. Emilia zahlt und geht stolz nach Hause.

Leon kauft sich ein Motorrad
Endlich ist es soweit. Leon ist 18 Jahre alt geworden. Von seinen Ersparnissen erfüllt er sich einen Traum: Er kauft sich ein Motorrad. Seine Eltern sind entsetzt. Er hat sein ganzes Geld auf einmal ausgegeben.

Irina schließt einen Handy-Vertrag ab
Irina besucht die 6. Klasse einer bayerischen Mittelschule. Auf dem Nachhauseweg bietet ihr jemand einen „super günstigen" HandyVertrag an. Nach anfänglichem Zögern lässt sich Irina darauf ein und unterschreibt.

Clara kauft sich einen Rucksack

Clara ist 11 Jahre alt und braucht dringend einen neuen Rucksack. Ohne Rücksprache mit ihren Eltern kauft sie sich ein teures Markenmodell für 115 Euro.

Maximilian kauft sich eine Jeans

Maximilian ist in der 7. Klasse. Er möchte „in" sein und die gleiche Jeans wie viele seiner Klassenkameraden haben. Nach der Schule geht er mit einem Freund zum Einkaufen und erfüllt sich seinen Wunsch für 49,90 Euro.

Ceren kauft Süßigkeiten

Ceren geht in die dritte Klasse. Auf ihrem Schulweg kommt sie an einer Bäckerei vorbei. Dort kauft sie sich regelmäßig Süßigkeiten zu einem geringen Betrag.

Marlon kauft sich einen Fernseher

Marlon spart seit zwei Jahren regelmäßig Geld. An seinem 18. Geburtstag kauft er sich einen Fernseher für sein Zimmer. Seine Eltern wissen nicht Bescheid.

Laura kauft sich ein Computerspiel

Die zehnjährige Laura wünscht sich schon lange das neueste Computerspiel. Bei einem Bummel mit ihrer Freundin kauft sie eines für 24,99 Euro.

Sprecht über die Fallbeispiele auf den beiden Seiten. Sind die Geschäfte rechtsgültig? Begründet eure Aussagen mithilfe des Textes auf den vorhergehenden Seiten. Kann jeder Fall eindeutig entschieden werden?

▸ Ein Fußballstar als Geschäftsmann.

▸ Herr Huber kauft ein neues Auto.

▸ Michaela kauft im Supermarkt ein.

Wie kommt ein Kaufvertrag zustande?

1. **Beispiel:** Der Fußballprofi kauft ein Hotel. Die Einzelheiten hierzu werden in einem Vertrag zwischen dem Profi und dem Verkäufer des Hotels festgelegt.

2. **Beispiel:** Herr Huber kauft bei einem Autohaus einen neuen Wagen. Dafür muss er einen bestimmten Betrag ausgeben. Der Kaufpreis wird zusammen mit weiteren Details in einem Kaufvertrag festgehalten.

Detail ist ein anderes Wort für Einzelheit.

3. **Beispiel:** Michaela kauft im Auftrag ihrer Mutter im Supermarkt Gemüse für das Wochenende ein. An der Kasse bezahlt sie den fälligen Preis.

In allen drei Beispielen wird ein **Kaufvertrag** abgeschlossen. Was bedeutet das?

Zwei Personen vereinbaren miteinander ein Geschäft. Einer will etwas verkaufen, der andere möchte etwas kaufen. Der Verkäufer nennt den Preis. Der Käufer erklärt sich damit einverstanden. Er bezahlt und erhält dafür die Ware oder Dienstleistung. Damit wird der Kauf rechtskräftig, das heißt gültig. Man sagt: „Käufer und Verkäufer geben beim Abschluss eines Kaufvertrages eine übereinstimmende Willenserklärung ab." Dabei ist wichtig, dass die Erklärungen des Käufers und des Verkäufers auch tatsächlich übereinstimmen.

> **INFO**
>
> **Bei einer Willenserklärung** äußert eine Person eine bestimmte Absicht, einen Wunsch oder einen Willen.

1. a) Was haben die drei Beispiele gemeinsam?
   b) Was unterscheidet den dritten Kaufvertrag von den beiden ersten Kaufverträgen?
2. Erkläre das Bild mit den Redeanfängen in den Sprechblasen. Wähle dazu eigene Beispiele.

▸ Übergabe des Geldes

▸ Einen Kaufvertrag unterschreiben

▸ Umtausch

Welche Formen von Willenserklärungen gibt es?

Bei jedem Einkauf entsteht also ein Kaufvertrag. Willenserklärungen, die beim Abschluss eines Kaufvertrages abgegeben werden, können verschiedene Formen haben:

– **mündlich**
Zwei Personen erklären mündlich ihre Zustimmung zu einem Kauf. Die Ware wird zum angegebenen Preis angenommen. Der entsprechende Geldbetrag wird gezahlt.

– **schriftlich**
In einem schriftlichen Kaufvertrag legen Käufer und Verkäufer die Verkaufsbedingungen fest. Das sind z. B. der Kaufpreis, die Garantie, die Ratenzahlung und andere. Ein schriftlicher Kaufvertrag ist besonders bei größeren Geschäften üblich, wie z. B. einem Autokauf.

– **andere Willenserklärungen**
Andere Willenserklärungen sind z. B. ein eindeutiges Handeln, etwa Kopfnicken, das Zeigen auf eine Ware oder das Handheben bei Versteigerungen.

Was steht im Kaufvertrag?

Bei einem Kauf findet immer ein Tausch statt: Geld wird gegen eine Ware oder Dienstleistung getauscht. Beim Kaufen werden Geschäfte abgewickelt. Im Kaufvertrag verpflichten sich Verkäufer und Käufer zu bestimmten Leistungen. Man sagt: Ein Kaufvertrag ist ein **Verpflichtungsgeschäft**.

Im Kaufvertrag verpflichtet sich der

Verkäufer	Käufer
– die bestellte Ware rechtzeitig zu liefern, – die Ware ohne Mängel zu übergeben, – das Eigentum an der Ware zu übertragen, – den Kaufpreis anzunehmen.	– die bestellte Ware abzunehmen, – die Ware zu prüfen, – den Kaufpreis für die Ware wie vereinbart zu zahlen.

Manchmal treten bei Kaufverträgen auch **Störungen** auf. Dies ist dann der Fall, wenn einer der beiden Vertragspartner seine Pflichten nicht oder nur teilweise erfüllt. Als Verbraucher musst du dann deine Rechte einfordern.

---

1. Wann ist ein schriftlicher Kaufvertrag sinnvoll? Begründe anhand von Beispielen.
2. Überlege, welche Vertragsverletzungen des Verkäufers bzw. des Käufers zu Störungen führen können. Das Schaubild hilft dir.
3. Informiere dich, welche Rechte du als Verbraucher bei Vertragsverletzungen des Verkäufers hast.

▶ Kinder und Jugendliche beim Online-Kauf

Was musst du über Online-Geschäfte wissen?

Bestimmt hast du – wie deine Klassenkameraden auch - regelmäßigen Zugriff auf das Internet. Dort kannst du nicht nur vieles finden, sondern auch eine Menge kaufen. Dabei machst du **Online-Geschäfte**.

Vor allem jüngere Kinder stehen noch am Beginn ihrer Interneterfahrung. Sie haben häufig Schwierigkeiten, eine Werbeanzeige von den eigentlichen Webseiten zu unterscheiden. So lassen sie sich von auffällig gestalteten Bildflächen begeistern. Dabei reicht ein einfacher Klick häufig schon aus, um einen Kauf durchzuführen.

Um das zu vermeiden, ist es wichtig, dass du zusammen mit deinen Eltern das Internet erkundest. Versuche mit ihnen herauszufinden, worin der Unterschied zwischen einer Anzeige und der eigentlichen Webseite besteht.

Kostenlose Apps für Smartphones und Tablets finanzieren sich meist über Werbung und sogenannte „In-App-Käufe". Diese werden beim Installieren und während der ersten Spielminuten noch nicht ersichtlich. Bald jedoch ist klar, dass das Spiel nur dann Spaß macht, wenn du bestimmte Gegenstände oder Zusatzleben besitzt. Diese musst du kaufen.

Ein Abonnement (=Abo): Du verpflichtest dich, für eine bestimmte Dauer (zum Beispiel 1 Jahr) regelmäßig gegen Bezahlung etwas abzunehmen.

Vorteile

Online-Geschäfte haben zahlreiche Vorteile. Du kannst rasch die Preise von unterschiedlichen Anbietern vergleichen. Ein großes Angebot an Produkten steht dir zur Verfügung. Das Ganze funktioniert rund um die Uhr und bequem von zu Hause aus. Auch kostenlose Angebote wie zum Beispiel Gratiszeitschriften, Klingeltöne oder Spiele-Apps locken mit verheißungsvollen Versprechungen.

Nachteile

Doch genau hier ist Vorsicht geboten: Online-Geschäfte beinhalten auch Nachteile und Gefahren. Nicht alles, was mit „gratis" oder „kostenlos" angeboten wird, ist es am Ende auch. So kann sich hinter einem „Gratis"-Heft oder einem „kostenlosen" Klingelton schnell ein teures Jahres-Abo verstecken. Da das im „Kleingedruckten" steht, ist es für dich nicht immer leicht ersichtlich. Ein Nachteil ist auch, dass du die Ware nicht anfassen und prüfen kannst. Vielleicht musst du sie auch zurücksenden.

1. Erkläre, wie ein Online-Kauf funktioniert.
2. Bestimmt hast du schon einmal online eingekauft. Berichte über deine Erfahrungen.

▸ Geschäftsfähigkeit?   ▸ Konfliktfälle?   ▸ Wie bezahlen?

Gesetzliche Vorgaben beim Online-Kauf

Online-Händler können das Alter ihrer Kunden für gewöhnlich nicht überprüfen. Deshalb kannst du leicht auch ohne Erlaubnis deiner Eltern online einkaufen. Bedenke aber, dass die Regeln über die **Geschäftsfähigkeit** im Internet genauso gelten wie im normalen Geschäft.

Das bedeutet: Nur wer volljährig, also 18 Jahre alt ist, ist voll geschäftsfähig. Kinder ab sieben Jahren und Jugendliche können ohne Zustimmung der Eltern nur im Rahmen der freien Verwendung des Taschengeldes kaufen (**Taschengeldparagraf**). Das ist ohne Einwilligung der Eltern nur dann möglich, wenn sofort vom Taschengeld bezahlt werden kann.

Bei Bestellungen im Internet ist es jedoch üblich, dass die Rechnung hinterher bezahlt wird. Deshalb müssen deine Eltern bei Internet-Käufen entweder vorher zustimmen oder den Kauf nachträglich genehmigen. Wenn sie keine Genehmigung erteilen, ist der Kaufvertrag unwirksam. Deine Eltern können dem Unternehmen gegenüber erklären, dass sie die Genehmigung verweigern. Hierzu reicht eine schriftliche Mitteilung. Weitere Schritte sind nicht erforderlich.

Im Konfliktfall können sich deine Eltern und du an örtliche **Verbraucherberatungsstellen** wenden.

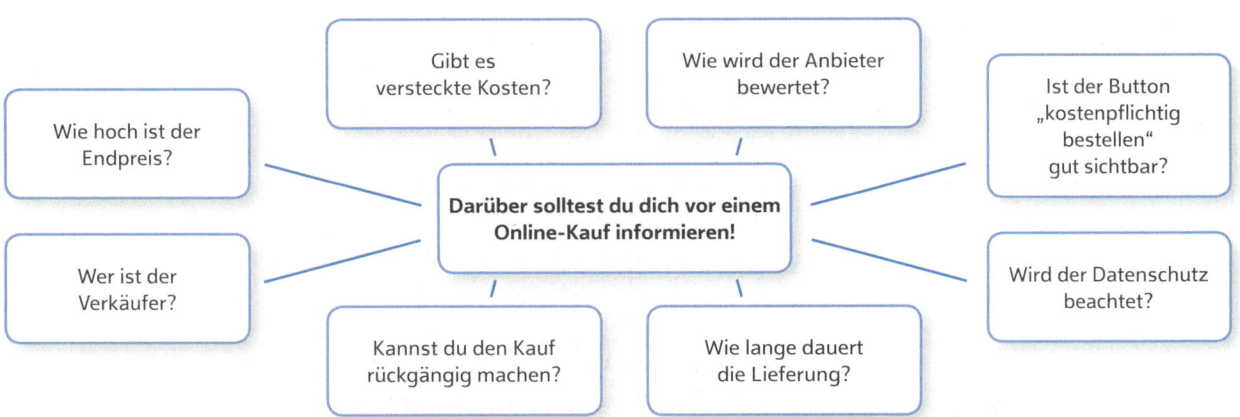

Darüber solltest du dich vor einem Online-Kauf informieren!
- Wie hoch ist der Endpreis?
- Wer ist der Verkäufer?
- Gibt es versteckte Kosten?
- Kannst du den Kauf rückgängig machen?
- Wie wird der Anbieter bewertet?
- Wie lange dauert die Lieferung?
- Ist der Button „kostenpflichtig bestellen" gut sichtbar?
- Wird der Datenschutz beachtet?

1. Wiederhole, was du über die Geschäftsfähigkeit und den Taschengeldparagrafen gelernt hast.
2. Informiere dich, welche Hilfen die Verbraucherberatung dir und deinen Eltern bei Online-Geschäften anbietet.

Geld und Konsum

▸ Kinder und Jugendliche müssen geschützt werden.

Warum müssen Kinder und Jugendliche geschützt werden?

Als junger Mensch hast du Anspruch auf eine gesunde Entwicklung. Du musst die Chance haben, in einem sicheren Umfeld aufzuwachsen. So wirst du selbstständig und lernst deine Zukunft zu gestalten.

Auf deinem Weg zum Erwachsenwerden wirst du jedoch vielfach beeinflusst. Dabei bleibt es unter Umständen nicht aus, dass du negativ beeinflusst wirst. Deshalb ist es wichtig, Kinder und Jugendliche zu schützen. Dies geschieht einerseits durch vorbeugende erzieherische Maßnahmen. Hier sind vor allem Eltern und Schule gefordert.

Andererseits gibt es das **Jugendschutzgesetz** (JuSchG). Es enthält Erlaubnisse und Verbote, an die sich alle Beteiligten halten müssen. Polizei, Ordnungs- und Jugendämter kontrollieren die Einhaltung dieses Gesetzes.

▸ Was beeinflusst mich?

Jugendschutz: Was ist erlaubt, was ist verboten?

	unter 16 Jahren	ab 16 bis unter 18 Jahren
Tabakwaren einschl. Shisha und E-Zigaretten	Verkauf und Konsum verboten	
Bier, Wein, Sekt	Verkauf und Konsum verboten*	Verkauf und Konsum erlaubt
Spirituosen, Alkopops	Verkauf und Konsum verboten	
Glücksspiel	Verkauf und Teilnahme verboten	
Kino, Filme, Computerspiele	entsprechend der Altersfreigabe	
Aufenthalt in Diskotheken	nur in Begleitung von Eltern oder Erziehungsbeauftragten	bis 24 Uhr erlaubt**
Aufenthalt in Gaststätten	zwischen 5 und 23 Uhr erlaubt**	bis 24 Uhr erlaubt**

Quelle: Jugendschutzgesetz Stand August 2016
* Ausnahme: 14- u. 15-Jährige in Begleitung der Eltern
** später nur mit Eltern oder Erziehungsbeauftragten

© Globus 11214

 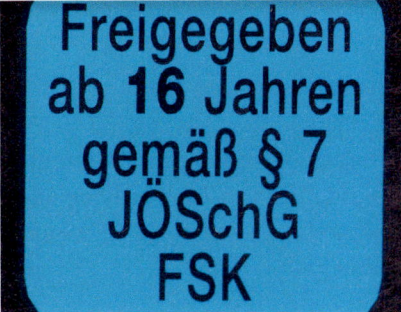 

▸ Kinder und Jugendliche müssen geschützt werden.

Jugendschutz in der Öffentlichkeit
Das Jugendschutzgesetz regelt z. B. unter Berücksichtigung des Alters den Aufenthalt in Gaststätten und Discotheken. Es ist also genau vorgegeben, wo und wann du dich in welchem Alter aufhalten darfst.
Auch der Konsum beziehungsweise die Abgabe von Alkohol und Tabak ist festgelegt.

Jugendschutz und Medien
Medien spielen in deinem Alltag eine große Rolle (Handy, soziale Netzwerke, Fernsehen). Sie bieten dir die Chance, rasch neue Informationen zu gewinnen und dich mit anderen auszutauschen. Dabei besteht jedoch die Gefahr, dass du auf gewalthaltige, pornografische oder extremistische Inhalte gelangst. Kino-, Videofilme und Computerspiele sind durch Gesetze für unterschiedliche Altersgruppen freigegeben. Die Alterskennzeichnungen sind keine Empfehlungen. Sie sollen vielmehr einen möglichen Schaden für deine Entwicklung verhindern.

Verbot von Medien
Jugendgefährdende Medien können verboten werden. Sie kommen auf eine entsprechende Liste. Für sie darf keine Werbung betrieben werden. Der Verkauf ist untersagt und nur Erwachsene können sie kaufen.

Ausnahmen beim Jugendschutz
Das Jugendschutzgesetz lässt auch Ausnahmen zu. Wenn du z. B. eine Veranstaltung besuchst, die von einem Träger der Jugendhilfe organisiert und betreut wird, kannst du bedenkenlos teilnehmen. In einer Gaststätte darfst du ohne Probleme eine Mahlzeit oder ein Getränk einnehmen.

Diese Ausnahmen sind dafür gedacht, dass du nach der Schule oder wenn du unterwegs bist in einem Lokal etwas essen oder trinken kannst. Dabei ist jedoch zu beachten, dass der Besuch von Nachtclubs und öffentlichen Spielhallen unter 18 Jahren auch in Begleitung der Eltern nicht erlaubt ist.

1. Finde weitere Faktoren, die dich auf deinem Weg zum Erwachsenwerden beeinflussen. Ersetze die Auslassungspunkte in der Abbildung „Was beeinflusst mich?".
2. Erkläre, wie die in der Grafik zum Jugendschutz genannten Beispiele deine Entwicklung beeinflussen. Welche Gefahren können von ihnen ausgehen?
3. Warum sind Spirituosen und Alcopops im Gegensatz zu Bier und Wein uneingeschränkt bis 18 Jahren verboten?
4. Informiere dich über die Altersfreigabe bei Kino- und Videofilmen.
5. Informiere dich, welche Träger der Jugendhilfe es gibt.

Erlaubt oder nicht? Was sagt das Jugendschutzgesetz dazu?

Sandro (14) verwendet das Computerspiel seines volljährigen Bruders Niko, das ab 18 Jahren freigegeben ist. Ist dies zulässig? Welche Verantwortung trägt Niko?

Ben (15) trifft sich mit Freunden in einem Bistro, um in seinen Geburtstag hinein zu feiern.

Marion (13) feiert im gleichen Bistro ihren Geburtstag. Die Feier mit Eltern und Verwandten zieht sich bis nach Mitternacht hin.

Olga (12) geht zum Jugendfaschingsball im katholischen Gemeindehaus, veranstaltet von der Kirchengemeinde. Sie bleibt bis 24.00 Uhr.

Emma ist fast 16 Jahre alt. Mit ihren Freundinnen steht sie vor dem Kino und zündet sich schnell noch eine Zigarette an.

Andreas (16) kauft für sich und seine Freunde im Supermarkt sechs Flaschen Bier.

Stefanie (12) möchte mit ihrem Bruder Max (17) die neu eröffnete Spielhalle besuchen.

JuSchG	Gefährdungsbereiche	Kinder unter 14 Jahren		Jugendliche unter 16 Jahren		Jugendliche unter 18 Jahren	
		ohne	in Begleitung einer erziehungsbeauftragten Person	ohne	in Begleitung einer erziehungsbeauftragten Person	ohne	in Begleitung einer erziehungsbeauftragten Person
§ 4 Abs. 1 + 2	Aufenthalt in Gaststätten					bis 24 Uhr	ab 24 Uhr
§ 4 Abs. 3	Aufenthalt in Nachtbars oder Nachtclubs						
§ 5 Abs. 1	Anwesenheit bei öffentlichen Tanzveranstaltungen z.B. Disco					bis 24 Uhr	
§ 5 Abs. 2	Tanzveranstaltungen anerkannter Träger der Jugendhilfe oder bei künstlerischer Betätigung oder zur Brauchtumspflege	bis 22 Uhr		bis 24 Uhr	ab 24 Uhr	bis 24 Uhr	ab 24 Uhr
§ 6	Anwesenheit in Spielhallen, Teilnahme an Glücksspielen						
§ 7	Anwesenheit bei jugendgefährdenden Veranstaltungen und in Betrieben						
§ 8	Aufenthalt an jugendgefährdenden Orten						
§ 9 Abs. 1,1	Abgabe und Verzehr branntweinhaltiger Getränke (auch alkoholische Mixgetränke oder überwiegend branntweinhaltige Lebensmittel)						
§ 9 Abs. 1,2	Abgabe und Verzehr anderer alkoholischer Getränke (z.B. Bier, Wein u. Ä.)				(*)		
§ 10	Abgabe und Konsum von Tabakwaren						
§ 11	Besuch von öffentlichen Filmveranstaltungen nur nach Freigabekennzeichnung: ohne Altersbeschr. /ab 6 / 12 / 16 J.	ab 6 Jahre: bis 20 Uhr		bis 22 Uhr		bis 24 Uhr	
§ 12	Abgabe von Datenträgern und Filmen oder Spielen nur nach Freigabekennzeichnung: ohne Altersbeschr. /ab 6 / 12 / 16 J.						
§ 13	Spielen an elektronischen Bildschirmspielgeräten ohne Gewinnmöglichkeit nur nach Freigabekennzeichnung: ohne Altersbeschr. /ab 6 / 12 / 16 J.						

ist nicht erlaubt   ist erlaubt   (*) in Begleitung der Eltern bei 14- und 15-jährigen erlaubt

▸ Vorschriften des Jugendschutzgesetzes (Auszug)

1. Löse die Fallbeispiele mithilfe des Jugendschutzgesetzes (siehe den Auszug oben). Begründe.

2. Welche Aussagen trifft das Jugendschutzgesetz zum Spielen an elektronischen Bildschirmgeräten? Notiere in vollständigen und zusammenhängenden Sätzen.

Lernbilanz

Am Ende dieses Kapitels ...
- *kannst du einen Einnahmen- und Ausgabenplan aufstellen und führen,*
- *weißt du, wie du mit deinem Taschengeld verantwortungsbewusst umgehst,*
- *kennst du Faktoren, die dein Kaufverhalten beeinflussen,*
- *hast du Kriterien für einen verantwortungsbewussten Umgang mit Geld erstellt,*
- *bist du dir über gesetzliche Regelungen zu den Bereichen „Konsum" und „Jugendschutz" bewusst,*
- *hast du Fallbeispiele dazu beurteilt.*

Mit den folgenden Aufgaben kannst du überprüfen, ob du diese Kompetenzen erworben hast:

1. Notiere drei wesentliche Aussagen der Grafik auf Seite 53 und erkläre sie. Trifft die Grafik auch auf dein Verhalten zu?
2. Unternehmen versuchen, Kinder und Jugendliche zum Kauf ihrer Produkte anzuregen. Auf welche Weise geschieht dies?
3. Erkläre die Begriffe **„Kultcharakter"** und **„Statussymbol"** mit je einem Beispiel.
4. Schreibe drei Kriterien auf, wie ein Haushaltsplan richtig geführt werden sollte.
5. Erkläre folgende Abbildungen zum Wirtschaften. Schreibe in vollständigen Sätzen.

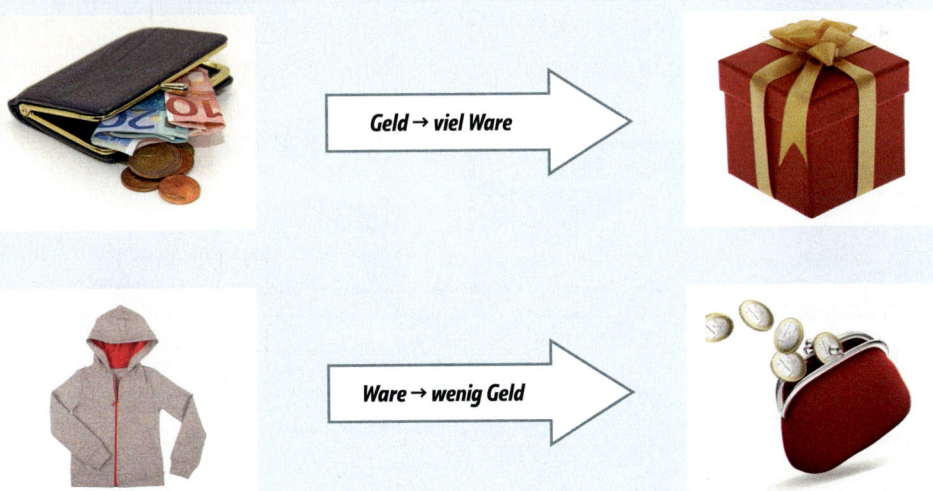

Geld → viel Ware

Ware → wenig Geld

6. Wer unterstützt dich als Verbraucher mit Ratschlägen und Tipps?
7. Erkläre, warum Jugendliche als Käufer und Verbraucher eine wichtige Zielgruppe sind.
8. Erstellt Lernkarten für eure Lernkartei zu folgenden Begriffen: geschäftsunfähig, beschränkt geschäftsfähig, voll geschäftsfähig, Willenserklärung, Kaufvertrag, Kaufkraft.
9. Wiederholt wichtige Aspekte des Jugendschutzgesetzes.

Mensch und Technik

In diesem Kapitel lernt ihr:

› zu erkunden, wie sich der technische Fortschritt auf den Arbeits- und Herstellungsprozess auswirkt,
› zu beurteilen, welche Folgen die Technik für den Arbeitsplatz des Menschen hat,
› zu begründen, welche Vorteile und Risiken der Technikeinsatz für den Menschen hat,
› zu analysieren, wie sich die Rolle des Menschen am Arbeitsplatz durch die Technik verändert hat.

MENSCH UND TECHNIK

- Technik verändert die Arbeitsplätze der Menschen
- Technischer Wandel verändert die Fertigung von Waren
- Bedeutung der Technik für die Menschen
- Technik übernimmt Aufgaben bei Arbeitsabläufen
- Technik bringt Vorteile und Risiken für Arbeitsplätze

▸ Straßenbau früher (1930) und heute (2017)

Bedeutung der Technik für den Menschen

Menschen müssen arbeiten, damit sie sich die notwendigen Waren und Dienstleistungen kaufen können. Daran hat sich seit Jahrhunderten nichts geändert. Was sich geändert hat, ist die Art und Weise, **wie** gearbeitet und produziert wird.

Technik verändert die Arbeit

Der technische Fortschritt und der Erfindungsreichtum der Menschen haben die Arbeit der Menschen verändert. In der 5. Jahrgangsstufe hast du anhand von Beispielen kennengelernt, wie Maschinen und technische Weiterentwicklungen den Menschen die Arbeit erleichtern. Das Leben wurde einfacher. Maschinen übernehmen gefährliche Arbeiten.

▸ Warentransport früher (15. Jahrhundert)

Technik verändert den Arbeitsplatz

Arbeitsplätze und Arbeitsvorgänge haben sich durch den Einsatz von Maschinen verändert. Dies gilt für die Herstellung von Waren und für die Erbringung von <u>Dienstleistungen</u>. Damit haben sich auch die Aufgaben und Belastungen der Menschen an ihren Arbeitsplätzen gewandelt. Viele Arbeitsplätze sehen heute ganz anders aus als noch vor 100 oder mehr Jahren, wie du beim Betrachten der Bilder feststellen kannst.

Dienstleistung: eine von anderen Menschen für uns übernommene Tätigkeit. Diese können oder wollen wir nicht selbst ausüben. Meist müssen wir dafür etwas bezahlen.

▸ Warentransport heute (2017)

INFO
Technische Erfindungen und technischer Fortschritt verändern den Arbeitsplatz.

INFO
Maschinenarbeit ersetzt Handarbeit und Muskelkraft.

▸ Getreideernte früher, um 1900

▸ Getreideernte heute, 2017

▸ Industrielle Fertigung früher: Autobau um 1920

▸ Industrielle Fertigung heute: Autoproduktion 2017

▸ Baustelle im Mittelalter, um 1700

▸ Baustelle heute: Moderne Großbaustelle 2017

1. Vergleiche die Arbeitssituationen der Menschen auf den Bildern der beiden Seiten. Wie haben sich die Anforderungen an die Menschen heute und früher geändert?
2. Sammelt Informationen aus Lexika, Büchern, dem Internet, bei Museumsbesuchen, bei Erkundungen usw. zu weiteren Beispielen von Arbeitsplätzen früher und heute. Stellt euch diese Beispiele in der Klasse gegenseitig vor.

▸ Tischler

▸ Buchdrucker

▸ Schneider

▸ Bäcker

Wie hat sich die Rolle des Menschen bei seiner Arbeit verändert?

Vom „Handarbeiter" zum „Handwerker"

Menschen nutzen technische Geräte, um sich das Leben und die Arbeit zu erleichtern. Herstellungsverfahren, die durch Technikeinsatz geprägt sind, bestimmen die Rolle des Menschen an seinem Arbeitsplatz. Sie stellen immer neue Herausforderungen an den Menschen.

Ein Blick in die Geschichte verdeutlicht das. Die Menschen vor Jahrtausenden teilten sich die Arbeit: Einige waren für Nahrungsbeschaffung und die dazu nötigen Jagdwaffen zuständig, andere für das Töpfern von Gefäßen, die Verarbeitung von Fellen und die Zubereitung der Nahrung. Später war „Handarbeit" wie Weben, Spinnen, Nähen weitgehend Familienarbeit. Es entwickelten sich erste Berufe wie Zimmerer, Töpfer, Schmied, Müller usw. Dies waren die Vorläufer der späteren **Handwerksberufe**.

Es entstanden „Handwerkerbetriebe", die sich meist um Städte oder Handelswege ansiedelten. Neben dem Bauernstand bildete sich eine neue **Berufsgruppe, die „Handwerker"**.

> INFO
>
> Handarbeit bestimmt Produktion und Arbeitsplatz.

Kennzeichen der Produktion früher:

Der Handwerker plante, entwarf und fertigte das Produkt. Er beherrschte seinen Arbeitsablauf von der Idee bis zum fertigen Gegenstand. Er musste die Arbeitsschritte kennen und selbst ausführen. Die Produkte wurden in der Regel von Hand und mit einfachsten Werkzeugen hergestellt.

Mit der Weiterentwicklung der Technik verwendeten die Handwerker spezielle Werkzeuge und Maschinen. Diese erleichterten ihnen die Arbeit und verkürzten den Arbeitsablauf.

Werkzeuge: sind Hilfsmittel, die zur Herstellung und Bearbeitung eines Werkstücks benötigt und verwendet werden.

Maschinen sind mechanische Vorrichtungen, die die menschliche Muskelkraft ersetzen oder vermindern.

▸ Drehbank mit Fußantrieb

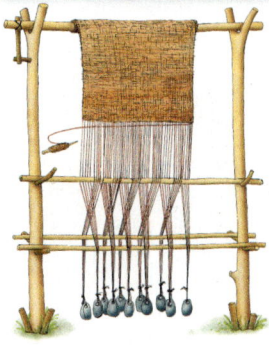
▸ Einfachster Webstuhl

▸ Einfacher Ackerpflug

Vom „Handwerker" zum „Bediener"

Mit der Nutzung von Wind- bzw. Wasserenergie haben viele Handwerker ihre Handarbeit „mechanisiert". Getreidemühlen beim Müller, Eisenhämmer beim Schmied übernahmen die Handarbeit des Mahlens bzw. des Hämmerns.

Maschinenarbeit bestimmt Produktion und Arbeitsplatz

Mit der Erfindung der „Dampfmaschine" änderten sich die Produktionsmethoden. Es begann die sogenannte „Industrielle Revolution". Unzählige weitere Erfindungen veränderten die Arbeitsplätze der Menschen. Dampfgetriebene Maschinen bestimmten den Ablauf der Arbeit. Handwerksberufe wie z. B. Stoffweber waren nicht mehr gefragt. Maschinell angetriebene Webstühle ersetzten die menschliche Arbeitskraft. Tausende Weber verloren ihren Arbeitsplatz. Ihre Muskel- und Arbeitskraft wurde ersetzt durch viele gleiche Maschinen. Sie stellten in kurzer Zeit gleiche Produkte in großer Anzahl her.

Um die Maschinen zu bedienen und zu überwachen, waren nur wenige Arbeitskräfte nötig. Sie brauchten keine handwerkliche Ausbildung. Sie mussten lediglich einige Arbeitsvorgänge kennen und ausführen.

> **INFO**
> Der Werkzeug- und Maschineneinsatz verändert den Arbeitsplatz des Menschen.

▸ Hammerwerk

▸ Weberei

Mechanisierung: Arbeitsvorgänge, die nicht in Handarbeit, sondern durch Maschinen ausgeführt werden

---

1. Beschreibt anhand der Fotos auf beiden Seiten die Arbeitsplätze. Welche Vor- und Nachteile haben Erfindungen und technischer Fortschritt dem Menschen gebracht?
2. Der Wandel der Arbeitsplätze geht immer weiter. Befrage Eltern oder Bekannte, wie sich ihr Arbeitsplatz durch Technik verändert hat.

▸ Bankschalter früher

▸ Bankschalter heute

Maschinen ersetzen den Menschen am Arbeitsplatz

Technische Geräte und Maschinen werden in allen Bereichen der Arbeitswelt vom Menschen genutzt. Die Technik bestimmt das Leben und den Arbeitsplatz des Menschen.

Automaten und Roboter verrichten die Arbeit des Menschen

Automaten sind vom Computer gesteuerte Maschinen. Sie übernehmen die Arbeit des Menschen und ersetzen ihn an seinem Arbeitsplatz. **Zum Beispiel übernimmt der Fahrkartenautomat die Arbeit des Fahrkartenverkäufers:** Du tippst in den Automaten dein Fahrziel ein, die Anzahl der Personen (Erwachsene, Kinder), Platzreservierung, Zuschläge usw. Der Automat **„sagt dir"** den Fahrpreis, kassiert das Geld, druckt die Fahrkarte aus und gibt das Rest- bzw. Wechselgeld zurück.

Wenn du Geld abhebst oder einzahlst, **„bedient dich der Geldautomat"**. Die Kontoauszüge druckt der Kontoauszugsdrucker aus. Die Überweisungen machst du am Überweisungsautomat. Die Automaten bieten dir 24 Stunden, 7 Tage die Woche ihre Dienstleistungen an.

Den Arbeitsplatz deines persönlichen Ansprechpartners in der Bank haben diese Automaten übernommen.

Vielfach übernehmen in der industriellen Massenproduktion Roboter bestimmte Arbeiten. Die Arbeitsaufträge gibt der Mensch über Computerprogramme an die Roboter weiter, die diese ausführen. Früher waren in der Schweißstraße viele Fachkräfte beschäftigt, jetzt reichen wenige Menschen aus. Die körperlich belastende Arbeit macht der Roboter, der Mensch ist für die Steuerung und Überwachung zuständig.

▸ Fahrkartenautomat

▸ Schweißroboter in der Autoproduktion

1. Was ist gemeint mit „Wenn du Geld abheben oder einzahlen willst, bedient dich der Geldautomat"? Wie veränderte sich die Bedienung für dich als Kunden? Vergleiche dazu die Bilder an den Bankschaltern oben. Befrage dazu auch deine Eltern.

2. Warum werden für die Schweißarbeiten bei der Automobilproduktion Roboter eingesetzt? Welche Vor- bzw. Nachteile hat das für diese Arbeitsplätze?

▸ Fließband in einer Textilfabrik

▸ Computer steuern die Produktion

Fließbänder bestimmen die Arbeitsgeschwindigkeit des Menschen

In der Großindustrie, z. B. bei der Produktion von Textilien, von Elektrogeräten, bei der Lebensmittelherstellung, in der Autoproduktion usw. arbeiten Menschen am Fließband.
Die Herstellung der Produkte wird in viele kleine Arbeitsschritte zerlegt. Von den Menschen am Fließband ist jeder für einen oder mehrere Arbeitsschritte zuständig. Diese muss er in einer bestimmten Reihenfolge und Zeit erledigen, dann „wandert" das Teil auf dem Fließband zum nächsten Arbeiter weiter. Die Fließbandgeschwindigkeit bestimmt die Arbeitsgeschwindigkeit des Menschen.

Computereinsatz verändert Arbeitsplätze

Der Computer ist aus der Arbeitswelt nicht wegzudenken:
– Computer in der Landwirtschaft kontrollieren die Melkroboter und entlasten so den Landwirt.
– Computer steuern den Verkehrsfluss in den Städten, machen Verkehrsmittel sicherer.
– Mit dem Computer werden neue Maschinen konstruiert, Erfindungen auf ihre Einsatzmöglichkeiten getestet.

– Computer unterstützen den Menschen an allen Arbeitsplätzen.

Pro und Kontra

Einerseits wird der Computer als Jobkiller bezeichnet, andererseits benötigt man für die Einführung neuer Technologien wie die Computertechnologie neue Arbeitskräfte.

Jobkiller: Roboter und Computer ersetzen und übernehmen menschliche Arbeitsplätze.

⇥ **Starthilfe zu 2 a):**
Auf Seite 28-29 könnt ihr sehen, wie ihr eine Karikatur interpretiert.

⇥ **Starthilfe zu 2 b):**
Auf Seite 86-87 könnt ihr nachlesen, wie ihr eine Pro- und Kontra-Diskussion durchführen könnt.

1. Baut ein „Fließband" mit sechs Arbeitsplätzen auf. Zerlegt die Herstellung eines Produktes, z. B. eines Papierfliegers, in sechs Arbeitsschritte. Stellt zehn Flieger her. Präsentiert eure Erfahrungen (Zusammenarbeit, Gefühle, Zeitdruck, Qualität...).
2. a) Interpretiert die Karikatur.
   b) Sammelt Argumente, belegt sie mit Beispielen und diskutiert sie in einer Pro- und Kontra-Diskussion.

Wir diskutieren Pro und Kontra

Politiker, Fachleute, auch Schülerinnen und Schüler sind bei manchen Themen nicht immer einer Meinung. Die einen sind dafür, die anderen dagegen. Jeder hat seine Gründe, warum er sich für oder gegen etwas entscheidet. Auch ihr wart sicher nicht immer einer Meinung, wenn es um euren Beitrag zum Schulfest oder um die Planung einer Klassenfahrt ging. Habt ihr diskutiert? Wie ist eure Diskussion abgelaufen? Auf welche Weise habt ihr euch geeinigt?

Eine **Diskussion** ist ein Gespräch zwischen zwei oder mehreren Personen zu einem Thema. Jede Person bzw. jede Gruppe vertritt ihre Argumente (Ansichten) und trägt ihren Standpunkt überzeugend vor.

pro und **kontra** kommen aus dem Lateinischen und bedeuten bei einer Diskussion zu einem bestimmten Thema so viel wie „für etwas sein" (pro) und „gegen etwas sein" (kontra).

Diskutieren will gelernt sein

Eine Pro-und-Kontra-Diskussion ist ein Streitgespräch, bei dem Regeln eingehalten werden müssen, damit die Parteien nicht im Streit und beleidigt auseinandergehen. Deshalb muss ein Streitgespräch gut vorbereitet werden.

Ziele einer Pro-und-Kontra-Diskussion

- Streitthema umfassend erschließen,
- unterschiedliche Ansichten gegenüberstellen und sachlich diskutieren,
- Mehrheiten für den eigenen Standpunkt gewinnen und überzeugen,
- Standpunkte gegeneinander abwägen,
- Entscheidung durch eine Abstimmung für oder gegen herbeiführen.

Schritt ❶ Planung

- Legt das Thema genau fest.
- Teilt ein, welche Schülerinnen und Schüler die unterschiedlichen Standpunkte vertreten.
- Benennt den Diskussionsleiter.
- Organisiert einen geeigneten Raum.
- Plant, welche Rede- und Argumentationsstrategie ihr anwenden wollt.
- Notiert eure Argumente und eure Position auf Karteikarten.
- Bereitet euch durch ein Gesprächstraining in der Gruppe vor.
- Verteilt in der Gruppe, wer welche Argumente vorträgt.

- Bei bestimmten Themen könnt ihr Experten befragen oder zur Diskussion hinzuziehen, die euch mit Sachinformationen unterstützen.

Schritt ❷ Informationsbeschaffung

Informiert euch für den eigenen Standpunkt (pro oder kontra) durch Bücher, Zeitschriften, Internet, Experten usw.

Wenn ihr eure Argumente mit Fakten (Grafiken, Umfragen, Zitate usw.) belegen wollt, müsst ihr die dazugehörigen Quellen (Bücher, Fersehaufzeichnungen, Internet, Zeitungsartikel usw.) angeben. Überlegt, wie ihr eure Informationen bildhaft darstellt.

Der Diskussionsleiter muss sich gut auf dieses Thema vorbereiten. Er fasst die Argumente zusammen und stellt ergänzende Fragen.

Schritt ❸
Vorbereitung der Diskussion

Erstellt eine Sitzordnung für die Diskussionsrunde (Anzahl der Stühle, Anordnung der Stühle, wo sitzt der Diskussionsleiter, wo die Beobachter?)

Überlegt, welche technischen Hilfsmittel und Präsentationsmöglichkeiten ihr für die Diskussionsteilnehmer benötigt: z. B. Tafel, Flipchart, Pinnwand, Projektor, Beamer usw.

Plant, wie ihr die Abstimmung (Stimmzettel, Handzeichen,…) durchführt und das Ergebnis anzeigt.

Erarbeitet für eine Pro- und Kontradiskussion Gesprächs- und Verhaltensregeln.

Schritt ❹
Durchführung der Diskussion

Der Diskussionsleiter stellt kurz die Thematik dar, um die es in der Diskussion geht.

Führt vor Beginn der eigentlichen Diskussion eine Abstimmung unter den Zuhörern durch. Vergleicht dieses Ergebnis später mit der Abstimmung nach der Diskussion. An dieser Abstimmung könnt ihr erkennen, welche Gruppe die überzeugenderen Argumente hatte.

Der Diskussionsleiter
- achtet darauf, dass beide Gruppen gleich groß sind,
- erläutert zu Beginn die Gesprächsregeln,
- achtet auf die Einhaltung der Gesprächsregeln,
- führt die Rednerliste,
- erteilt das Rederecht,
- kontrolliert, dass beide Gruppen die gleiche Redezeit erhalten,
- achtet darauf, dass sich die Zuschauer nicht einmischen und ruhig verhalten,
- beendet die Diskussion.

Schritt ❺
Auswertung

Zum Ende der Diskussion, wenn die Argumente ausgetauscht sind, erfolgt die Abstimmung unter den Zuhörern. Dadurch stellt ihr fest, ob jemand seine Meinung geändert hat. Die Zuschauer sollten auch begründen, warum sie ihre Meinung beibehalten oder geändert haben und welche Argumente für sie entscheidend waren.

Für die Bewertung der Diskussion ist eine Checkliste sinnvoll. Sie könnte folgende Elemente enthalten:
- Argumente überzeugend,
- Begründungen,
- Informationen,
- Verhalten der Teilnehmer bzw. Gruppe des Diskussionsleiters,
- Präsentation der Argumente,
- Verbesserungen.

> **INFO**
> Eine Diskussion ist ein Streitgespräch mit argumentativen Worten, nicht eine Wortschlacht mit Gewaltworten.

Projekt Pinnwand

Herstellung früher und heute – wie war das?

Die Klasse 6 hat sich für das Projekt „Pinnwand" entschieden. Sie möchte im Vergleich Handfertigung – Maschinenfertigung eine Pinnwand in der Größe 40 cm x 40 cm herstellen. Der Rahmen ist aus Holz, die Pinnfläche aus gepresstem Filzmaterial. Der Holzrahmen wird mit Farbe lackiert. Die Holzbearbeitung geschieht unter Anleitung eines Schreiners. Mit zum Teil alten Handwerkzeugen wie z. B. einem Falzhobel und ohne Zuhilfenahme von Maschinen fertigen die Schülerinnen und Schüler ihre Pinnwand. Der Schreiner fertigt sie mit Maschinen. Die einzelnen Arbeitsschritte werden dokumentiert und mit den Arbeitsschritten der Maschinenfertigung verglichen.

Handfertigung | ### Maschinenfertigung

Leisten in der Stärke kaufen, jede Leiste einzeln ablängen: anstrengend und zeitaufwendig.

Leisten mit der Maschine aus dem Balken schneiden und ablängen.

Leisten hobeln und schleifen: sehr anstrengend, viele Arbeitsgänge, sehr zeitaufwendig.

Kombimaschine programmieren, Leisten in einem Arbeitsgang auf allen vier Seiten hobeln: gleiche genaue Qualität in sehr kurzer Zeit.

Leisten falzen: anstrengend und zeitaufwendig, viele Arbeitsgänge.

Maschine fräst Falz in Sekundenschnelle.

Handfertigung		Maschinenfertigung
	Maschine auf Gehrung programmieren – passgenaues Zuschneiden.	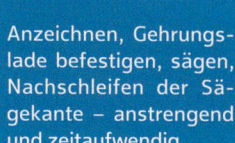
	Anzeichnen, Gehrungslade befestigen, sägen, Nachschleifen der Sägekante – anstrengend und zeitaufwendig.	
	Winkel genau einstellen, leimen, mit Zwingen pressen.	
	Mit der Federnutfräse unsichtbare Eckverbindungen einfräsen, Federn zur Verbindung einleimen, Eckversteifungen sägen, Löcher vorbohren, Schrauben eindrehen – zeitaufwendig.	
	Mit der Presse ist dies in einem Arbeitsgang möglich – Zeitersparnis durch hohen Anpressdruck.	
	Oberflächenbehandlung mit Pinsel – zeitaufwendig.	
	Auftragen der Farbe mit Spritzpistole in Minutenschnelle.	

1. Erklärt und begründet an diesem Beispiel, wie Technik den Arbeitsplatz verändert.
2. „Maschinen ersetzen nicht das Können." Erkläre, was damit gemeint ist.
3. Plant ein ähnliches Projekt in Kooperation mit dem Fach WG. Stellt Arbeitstätigkeiten, Arbeitsmittel, Arbeitsbelastungen, Hand- und Maschinenarbeit gegenüber.

Mensch und Technik

▸ Produktionsbetrieb

▸ Dienstleistungsunternehmen

▸ Das Deutsche Museum in München

Wir führen eine Technikerkundung durch

Wie Mensch und Maschine zusammenwirken, welche Vor- bzw. Nachteile der Technikeinsatz am jeweiligen Arbeitsort für den Menschen hat, erkundet man am besten in einem Betrieb. Das kann ein Produktionsbetrieb, ein Dienstleistungsbetrieb oder ein Museum sein.

Schwerpunkte setzen
Ihr habt über den Einfluss der Technik auf die Arbeit schon vieles erfahren. Jetzt sollt ihr euch für Erkundungsschwerpunkte entscheiden. Was wollt ihr genauer erkunden?

Beispiele für mögliche Schwerpunkte:
Wir analysieren einen Arbeitsort und Arbeitsplatz, der durch Technikeinsatz geprägt ist:

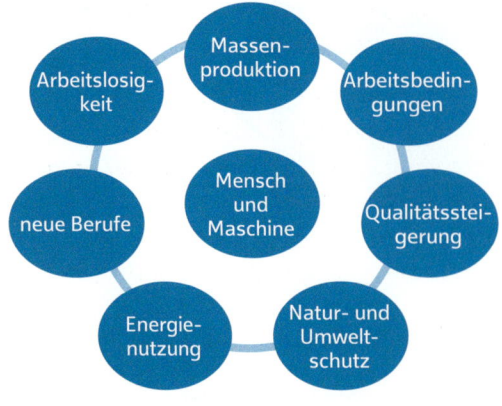

– Wir beobachten und bewerten, wie Mensch und Maschine im Herstellungs- und Arbeitsprozess zusammenwirken.
– Wir beschreiben und bewerten, welche Rolle der Mensch beim Technikeinsatz einnimmt.
– Wir beschreiben und analysieren, auf welche Weise der Technikeinsatz den Menschen entlastet.
– Wir analysieren, wie der Technikeinsatz die Herstellungsgeschwindigkeit steigert.
– Wir beobachten und begründen, warum der Technikeinsatz die Qualität steigern kann.
– Wir erklären, warum der Technikeinsatz vom Menschen ständige Fort- und Weiterbildung verlangt.
– Wir begründen, warum der Technikeinsatz einfache Tätigkeiten überflüssig macht.
– Wir analysieren, warum Technikeinsatz Arbeitsplätze vernichten kann.
– Wir stellen Nutzen und Risiko der Technik am Arbeitsplatz gegenüber.
– Wir wägen ab, ob der Energieaufwand für den Technikeinsatz sinnvoll ist.
– Wir analysieren und reflektieren, wie Technik- und Maschineneinsatz Umwelt und Natur beeinflussen.

→ **Starthilfe**
Die Seiten 92-93 helfen euch dabei, eine Erkundung zu planen und durchzuführen sowie Fragen zu formulieren.

Überlegt in der Klasse, welchen Erkundungsschwerpunkt ihr wählt und entwickelt dazu Erkundungsfragen.

▸ Werkzeugfirma, 19. Jahrhundert

▸ Werkzeugmacher, 1938

▸ Werkzeugproduktion heute

Leittext zur Technikerkundung

Ihr könnt eure Technikerkundung am besten mit der Leittextmethode durchführen. Diese Methode habt ihr bereits in der 5. Jahrgangsstufe kennen gelernt. Damit erarbeitet ihr selbständig,
– was das Ziel der Erkundung ist,
– wie ihr sie vorbereitet,
– wie ihr den geeigneten Betrieb auswählt,
– wie und wann ihr sie durchführt,
– wie ihr sie auswertet,
– wie ihr die Ergebnisse präsentiert.

Technische Erfindungen und Maschinen verändern <u>Arbeits- und Herstellungsprozesse</u> und Arbeitsplatz der Menschen. Plant zu diesem Thema in der Klasse eine Technikerkundung in einem Betrieb. Stellt fest, wie sich die Rolle des Menschen durch die Technikentwicklung verändert hat, wie Mensch und Maschine im Herstellungsprozess zusammenwirken.

Das müsst ihr tun:
A: Bildet Gruppen.

B: Bearbeitet folgende Arbeitsaufgaben:
1. Besprecht in den Gruppen die gestellte Erkundungsaufgabe. Formuliert das Ziel der Erkundung: „Was wollen wir wissen"?
2. Besprecht die Ergebnisse in der Klasse, entscheidet euch für die Erkundungsziele.
3. Jede Gruppe recherchiert, welche Betriebe im Umkreis eurer Schule infrage kommen.
4. Entscheidet euch für einen oder zwei Betriebe.
5. Bereitet die Erkundung gewissenhaft vor.
6. Führt die Erkundung durch.
7. Überlegt euch die Art der Präsentation vor der Klasse (Wandzeitung, Plakat ...).
8. Stellt die Erkundungsergebnisse in der Klasse vor.
9. Reflektiert in der Gruppe und in der Klasse eure Erkundung (Ablauf, Verbesserungen, Verhalten des Einzelnen bzw. der Gruppe, Teamarbeit ...)
10. Entwerft für den Erkundungsbetrieb eine Rückmeldung (Einladung zur Präsentation, Bericht für die Zeitung, Dankschreiben ...).

Arbeitsprozess: beschreibt das arbeitsteilige Zusammenwirken bei der Herstellung von Produkten, hier: Mensch und Technik.

Herstellungsprozess: Verlauf bzw. zeitlicher Ablauf der Herstellungsschritte bei der Fertigung eines Produkts.

▸ Tunnelbohrmaschine

Technikerkundung in einem Betrieb

Bei einer Technikerkundung könnt ihr z. B. <u>recherchieren</u>:
- *welche Aufgaben der Mensch bzw. die Maschine übernimmt,*
- *welche Maschinen er einsetzt,*
- *wie er sie einsetzt und bedient,*
- *welche Ausbildung er braucht usw.*

Recherchieren bedeutet, sich Informationen zu einem bestimmten Thema zu beschaffen. Dies gelingt durch nachforschen, untersuchen, erkunden, ermitteln.

Schritt ❶
Vor der Erkundung

Eine Erkundung muss gründlich vorbereitet sein, wenn sie erfolgreich sein soll. Das kennst du ja bereits von den Arbeitsplatzerkundungen.

Erkundungsmöglichkeiten:
- In welchem Betrieb können wir technische Arbeits- und Herstellungsabläufe beobachten?
- Welche Betriebe in der Nähe der Schule kommen dafür infrage?
- Welchen Betrieb wählen wir aus?
- Wo findet die Erkundung statt: im Betrieb, auf einer Baustelle, in der Lehrlingsausbildung …?

Starthilfe: Auf den Seiten 23 bis 25 gibt es Hinweise zum Beobachten, Befragen, Notieren und Präsentieren.

Ansprechpartner im Betrieb:
Wer sind die Kontaktpersonen, mit denen wir Termin, Ziel und Verlauf der Erkundung vereinbaren und vorbereiten?

Vorinformationen zum Betrieb und zum Erkundungsort
- Welche Maschinen und Werkzeuge kommen zum Einsatz?
- Welche technischen Vorgänge können wir beobachten?
- Dürfen wir die Mitarbeiter zu ihrer Arbeit und zum Arbeitsablauf befragen?
- Welche Schwerpunkte legen wir für die Erkundung fest?

Erkundungsfragen formulieren
- Achtet darauf, dass ihr eure Fragen zielgerichtet zum Technikeinsatz stellt.
- Eure Arbeit mit den bisherigen Seiten „Mensch und Technik" (79 bis 89) hilft euch dabei.

> **INFO**
>
> **Tipps zum Fragenfinden**
>
> **W-Fragen** sind für die Technikerkundung gut geeignet, weil ihr mit Menschen am Arbeitsplatz ins Gespräch kommt, z. B.
>
> - **Was** stellen Sie an diesem Arbeitsplatz her?
> - **Welche** Aufgaben umfasst Ihre Tätigkeit?
> - **Wie** lange arbeiten Sie schon an diesem Arbeitsplatz?
> - **Warum** haben Sie diesen Arbeitsplatz gewählt?
>
> Weitere passende Fragen können mit folgenden Fragewörtern beginnen:
>
> **Wer, wo, wodurch, weshalb, womit, wie sehr, worüber…**
>
> Um diese Fragen zu formulieren, sammelt ihr im **Brainstorming** Begriffe, die euch spontan einfallen. Dann ordnet ihr sie für die Erkundung nach Schwerpunkten z. B. Arbeitstätigkeit, Arbeitsmittel, Arbeitszeit, Arbeitsbelastung usw.
>
> Formuliert die Fragen so, dass sie nicht immer nur mit ja oder nein beantwortet werden können.

Schritt ❷
Während der Erkundung

- Genau beobachten anhand der vorbereiteten Erkundungsfragen zum Arbeitsablauf, Technikeinsatz, Zusammenwirken von Maschinen usw.
- Stichpunktartige Notizen machen, sie helfen bei der Auswertung,
- Fotos machen, wenn der Betrieb es erlaubt.
- Sich gewissenhaft an die Vorschriften und Sicherheitsmaßnahmen halten,
- Es ist selbstverständlich, dass sich jeder höflich verhält.

Schritt ❸
Nach der Erkundung

Auswertung

- Tragt die Ergebnisse zusammen, ordnet sie übersichtlich, vergleicht sie miteinander und beurteilt die Ergebnisse.

Präsentation

- Überlegt, in welcher Form ihr eure Ergebnisse darstellt (Plakate, Fotodokumentation, Computerpräsentation, Ausstellung in der Schule usw.).
- Entscheidet, ob ihr dazu den Erkundungsbetrieb einladet.

Bewertung

- Bewertet, welche Rolle der Mensch im Zusammenwirken Mensch – Maschine eingenommen hat.
- Bewertet, wie eure Erkundung gelaufen ist, macht Verbesserungsvorschläge.
- Gebt dem Erkundungsbetrieb eine Rückmeldung zum Ergebnis mit einem Dankschreiben für die Erkundungsmöglichkeit.

▸ Erkundung einer Kläranlage

▸ auf dem Bauernhof

▸ Präsentation

▸ Technikmuseum

▸ Heimatmuseum

▸ Schulmuseum

Erkundung in einem Museum

Wie kannst du dich informieren?
Wenn du dich zu einem Thema informieren willst, kannst du das auf verschiedene Weise tun: in Fachbüchern und Lexika nachschlagen, Experten befragen, im Internet recherchieren usw. Eine hervorragende Informationsquelle sind Museen mit ganz bestimmten Schwerpunkten wie z. B. Heimatmuseum, Technikmuseum, Automuseum, Schifffahrtsmuseum.

Was bietet ein Museumsbesuch?
Eine Erkundung im Museum bietet
- Informationen,
- Dokumentationen,
- Begegnung mit Originalen, Exponaten oder Modellen,
- „Entdeckungsreisen" in die Geschichte,
- Geschichte zum „Anfassen",
- besondere Erlebnisse.

Viele Gegenstände und Exponate darf man anfassen oder ausprobieren. Museumsführer erklären die Ausstellungsstücke, führen viele vor und beantworten die Fragen der Besucher.

Exponate sind Ausstellungs- bzw. Museumsstücke.

Modelle sind in der Technik meist im Maßstab nachgebaute Abbilder von Objekten.

Wie bereiten wir uns auf eine Erkundung in einem Museum vor?
- Wir suchen uns aus dem Museumsführer ein passendes Museum für das Erkundungsthema heraus,
- vereinbaren einen Besuchstermin,
- fragen an wegen z. B. Museumsführung, Infomaterial, Filmvorführung, Erlaubnis zum Fotografieren …,
- bereiten Fragen zum Thema vor,
- teilen die Erkundungsaufgaben untereinander auf.

Wie verhalten wir uns im Museum?
- Wir melden uns an der Kasse an,
- verhalten uns höflich,
- hören aufmerksam zu,
- stellen unsere Fragen laut, deutlich und klar formuliert,
- bedanken uns für die Beantwortung.

Wie bereiten wir unsere Museumserkundung nach?
- Wir überlegen, ob wir unser Erkundungsziel erreicht haben (Ablauf, Erwartungen…),
- werten unsere Erkundungsfragen aus,
- stellen die Ergebnisse in der Klasse vor,
- präsentieren unsere Erkundungsergebnisse anhand einer Wandzeitung, Bildcollage, Kurzreferat …,
- überprüfen, was gut und was weniger gut gelaufen ist,
- machen Verbesserungsvorschläge für die nächste Erkundung.

▸ Automuseum

Leittext: Arbeitsplätze früher und heute

Technische Erfindungen und Maschinen veränderten Arbeitsweise und Arbeitsplatz.

Mache eine „Zeitreise" in einem Technikmuseum, z. B. als Buchdrucker/-in, Bäcker/-in, Friseur/-in, Schneider/-in usw.:
– Erkunde, wie Maschinen deine Arbeit und deinen Arbeitsplatz verändert haben.
– Zeige auf, welche Vorteile und Nachteile diese Erfindungen für deine Arbeit hatten.
– Stelle die Zusammenhänge übersichtlich dar.

Das müsst ihr tun:
A: Bildet Dreier- oder Vierergruppen.

B: Bearbeitet folgende Arbeitsaufgaben:
1. Legt fest, welche Gruppe welchen Beruf erkundet.
2. Jede Gruppe recherchiert, welches Technikmuseum dafür infrage kommt.
3. Bereitet die Erkundung gewissenhaft vor.
4. Führt die Erkundung durch.
5. Überlegt euch die Art der Präsentation vor der Klasse (Wandzeitung, Plakat …).
6. Gestaltet in der Gruppe die Präsentation für euren Beruf.
7. Stellt die Erkundungsergebnisse in der Klasse vor.
8. Beurteilt in der Gruppe eure Erkundung (Ablauf, Verbesserungen …).

INFO

Die Entwicklung der Berufe und Arbeitsplätze ist eng verbunden mit der technischen Entwicklung und dem technischen Fortschritt.

Die technische Entwicklung in verschiedenen Berufen zeigt uns auf:

Wo wurde gearbeitet?
(Arbeitsort und Arbeitsplatz)

Wie belastend war die Arbeit?
(Arbeitsbedingungen)

Mit welchen Werkzeugen bzw. Maschinen wurde gefertigt? (Arbeitsmittel)

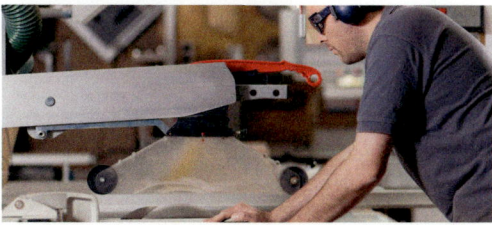

Welchen Fortschritt brachte die Technik am Arbeitsplatz für den Handwerker?

---

1. Beschreibt die Fotos. Beantwortet die Fragen in der rechten Spalte.
2. „Vom Handarbeiter zum Bediener", erforsche dies anhand eines Berufes, der im Museum dargestellt wird. Erkläre die Auswirkungen der Technikentwicklung auf den Handwerker und seinen Arbeitsplatz.

▸ Fließband 1910

▸ Fließband heute

▸ Fließband 2100?

Welche Bedeutung hat die Technikentwicklung für die Menschen?

- Technik- und Maschineneinsatz garantieren
  - gleichbleibende Produktqualität
  - hohe Produktionsgeschwindigkeit
  - kostengünstige Massenproduktion
  - neue Arbeitsplätze neue Berufe
  - gefahrlosere Arbeitsplätze
  - neue Entwicklungen und Erfindungen

Nutzen und Risiken für den Menschen

Ohne Technik- und Maschineneinsatz ist das Berufs- und Arbeitsleben nicht mehr vorstellbar. Die Technische Entwicklung vernichtet nicht nur Arbeitsplätze, sie schafft auch neue. Die Technik moderner Maschinen zu beherrschen und zu nutzen, verlangt vom Menschen ständige Fort- und Weiterbildung. Die kostengünstige Produktion und technischer Fortschritt ermöglichen vielen Menschen ein Leben in Wohlstand.

→ Starthilfe zu 2:
Auf den Seiten 28-29 könnt ihr nachlesen, wie eine Karikatur interpretiert wird.

1. a) Erklärt die Grafik der linken Spalte und begründet sie mit Beispielen. Die Fotos helfen euch.
   b) Stellt an einem Beispiel Nutzen und Risiken der technischen Entwicklung für die Menschen am Arbeitsplatz gegenüber.
2. Interpretiert die Karikatur „Mensch Meier".

▸ Mechanisierung

▸ Steuerung und Überwachung

▸ Automatisierung

Wie wirken Mensch und Maschine im Arbeitsprozess zusammen?

Technik wird vom Menschen für den Menschen entwickelt. Menschen erleichtern sich die Arbeit durch Werkzeuge und Maschinen. Mechanisierung und <u>Automatisierung</u> von Arbeitsgängen erledigen viele „Handarbeiten" des Menschen und entlasten ihn. Mensch und Maschine teilen sich die Arbeit. Der Mensch hat die Rolle des Bedieners der Maschinen und der Technik übernommen.

Automatisierung: selbsttätiger Ablauf von mehreren Arbeitsvorgängen bei Maschinen, die durch Computer gesteuert werden.

Arbeitsteilung zwischen Mensch und Maschine

Der Mensch

- plant den Arbeitsablauf,
- steuert den Arbeitsvorgang,
- programmiert die Maschine,
- richtet die Maschine ein,
- kontrolliert und überwacht die Arbeitsvorgänge,
- braucht Spezialkenntnisse,
- muss sich ständig weiterbilden.

Die Maschine

- ersetzt die Muskelkraft,
- mindert körperliche Belastung,
- arbeitet genauer,
- spart Arbeitsschritte ein,
- verkürzt die Herstellungszeit,
- beschleunigt die Produktion,
- übernimmt gefährliche Arbeiten,
- arbeitet automatisch.

3. Erklärt die Arbeitsteilung Mensch – Maschine anhand von Beispielen aus verschiedenen Berufen z. B. Maurer/Maurerin, Koch/Köchin, Bäcker/Bäckerin, Bürokaufmann/-frau usw. Begründet die Vorteile des Maschineneinsatzes für den Menschen am Arbeitsplatz.

Technik und Energie für den Arbeitsplatz

Energiegewinnung durch moderne Technik

Technik- und Maschineneinsatz haben ihren „Preis". Sie brauchen Energie. Besonders die elektrische Energie ist in allen Bereichen Energielieferant Nummer Eins: Haushalt, Verwaltung, Verkehr, Handwerk, Industrie usw. Ohne Strom geht fast gar nichts, wie du beim Maschineneinsatz beobachten konntest.

Menschen nutzen seit Jahrtausenden natürliche Energiequellen wie Wind, Wasser und Feuer, um Maschinen zu betreiben und sich die Arbeit zu erleichtern.

Die verbesserte Nutzung der Energiequellen wurde durch neue Techniken und Erfindungen möglich. Zur Stromerzeugung bauten die Menschen moderne Wasser-, Kohle-, Gas- und Atomkraftwerke. Neuere Erfindungen wie moderne Windkraftanlagen, die Nutzung der Erdwärme und die Nutzung der Gezeiten ergänzen den Strombedarf. Diese Kraftwerke wandeln ihre Energie um und treiben über Turbinen Generatoren an, die den Strom erzeugen.

Photovoltaikanlagen (Solarpark) nutzen die Energie der Sonne und wandeln sie in elektrischen Strom um.

Moderne **Windkraftanlagen** nutzen die Kraft des Windes am Meer oder die der Luftströmung, die in großen Höhen über dem Boden herrscht.

▸ Atomkraftwerk

▸ Geothermiekraftwerk

▸ Wasserkraftwerk

▸ Windpark

▸ Kohlekraftwerk

▸ Solarpark

1. Was ist gemeint mit „Technik- und Maschineneinsatz haben ihren Preis"?
2. An vielen Arbeitsplätzen wird immer mehr Technik eingesetzt. Was bedeutet dies für den Energiebedarf?

▸ Nutzung von Ökostrom

▸ Nutzung der Erdwärme

▸ Dampfturbine der 6. Klasse

Wie hilft moderne Technik beim Energiesparen?

Die technische Entwicklung von Maschinen setzt vor allem auf die elektrische Energie. Strom ist in fast allen Bereichen der Produktion, der Fertigung und im Dienstleistungsbereich einsatzbar ist. Er ist ein universeller Energielieferant für Maschinen jeglicher Art.

> **INFO**
> Energie ist die Fähigkeit, Arbeit zu verrichten. Dieses Prinzip nutzen die Menschen an ihrem Arbeitsplatz für den Einsatz von Maschinen, Werkzeugen und Geräten.

Die elektrische Energie muss in eine andere Form umgewandelt werden, z. B. in die Drehbewegung bei der Bohrmaschine, den Antrieb von Förderbändern, den Antrieb von Fahrzeugen oder Fertigungsautomaten usw.

Schüler und Schülerinnen der 6. Klasse haben eine „einfache Dampfturbine" zur Energieumwandlung gebaut.

Technikeinsatz und Energienutzung

Elektrische Energie steht nicht in unendlicher Fülle zur Verfügung. Sie muss in Kraftwerken erzeugt werden, belastet die Umwelt und kostet viel Geld. Moderne Produktionsstätten arbeiten 24 Stunden am Tag und benötigen viel elektrische Energie. Diese Energie muss sinnvoll und möglichst sparsam genutzt werden.

Sinnvolle Energienutzung erfordert:
- energiesparende Herstellungsverfahren
- energiesparende Maschinen
- Nutzung der Abwärme bei Maschinen für den Betrieb von Wärmepumpen
- Kombimaschinen, die verschiedene Arbeitsgänge gleichzeitig machen können
- Aufbereitung und Verwendung von wiederverwertbaren Stoffen
- Weiterentwicklung und Nutzung von regenerativen Energiequellen wie Sonne, Wind, Wasser, Biomasse …
- Weiterentwicklung von Energiesparmaßnahmen im Betrieb und am Arbeitsplatz

> **INFO**
> Technik- und Energieeinsatz muss nicht nur wirtschaftlich, sondern auch umweltverträglich sein.

universell: allgemein, vielseitig.

Eine **Wärmepumpe** ist eine Maschine, die die Restwärme z. B. von Luft, Erde oder Wasser unter Einsatz von Energie ausnutzt und auf höhere Temperaturen bringt, sodass sie z. B. für die Heizung genutzt werden kann.

---

3. Welche weiteren Möglichkeiten der Energieeinsparung durch den Einsatz moderner Technik kennst du?

4. Erkläre und begründe „Energieeinsatz muss wirtschaftlich und umweltverträglich sein".

Mensch und Technik

Lernbilanz

Am Ende dieses Kapitel kannst du...
- *erklären, dass technische Erfindungen die Arbeit und den Arbeitsplatz des Menschen verändert haben,*
- *erklären, dass technischer Wandel die Fertigung von Waren, Dienstleistungen und Transportaufgaben verändert haben,*
- *erklären, dass die Technik die Rolle des Menschen im Arbeits- und Herstellungsprozess grundlegend verändert hat,*
- *erklären, wie und warum Maschinen und technische Entwicklungen den Arbeitsplatz des Menschen übernommen haben,*
- *erklären, welche Bedeutung, welchen Nutzen und welches Risiko die Technikentwicklung für den Menschen hatte,*
- *erklären und beurteilen, welche Vor- und Nachteile die technische Entwicklung für die Rolle des Menschen am betrieblichen Arbeitsplatz hatte,*
- *erklären, dass moderne Technik eine effiziente Energienutzung von natürlichen Energiequellen möglich machte.*

Mit folgenden Aufgaben kannst du überprüfen, ob du diese Kompetenzen erworben hast:

1. Du hast in der 5. Klasse wichtige technische Erfindungen kennengelernt. Welche Erfindungen waren richtungsweisend für den technischen Fortschritt?

2. Beschreibe und analysiere in einer Gegenüberstellung „Früher – Heute", wie die Technik z. B. den Warentransport oder die industrielle Fertigung verändert hat.

3. Mit der Entstehung der „Handwerksberufe" bestimmt Handarbeit die Produktion von Waren. Beschreibe die Kennzeichen der Produktion durch den Handwerker, indem du folgenden Satz abschreibst und ergänzt:
Der Handwerker ..., ... und ... das Produkt. Er beherrschte seinen ... von der ... bis zum ... Gegenstand.

4. „Vom Handwerker zum Bediener". Wie und warum veränderte die industrielle Revolution die Produktion und den Arbeitsplatz des Menschen? Beschreibe und bewerte das an einem Beispiel, z. B. an der Auswirkung auf die Berufsgruppe der Weber.

5. Wie veränderten Roboter und Automaten die Arbeitsplätze der Menschen? Erkläre dies an einigen Beispielen aus der Produktion und dem Dienstleistungsbereich.

6. „Fließbandarbeit steigert die Produktion von Waren".
   a) Befrage Bekannte, die am Fließband arbeiten, warum diese Behauptung zutrifft und welche Auswirkungen dies auf ihre Arbeitstätigkeit hat.
   b) Beurteile die Situation des Fließbandarbeiters, indem du die Vor- bzw. Nachteile der Fließbandarbeit gegenüberstellst.

7. „Mensch und Maschine teilen sich die Arbeit". Erkläre und begründe diese Aussage an einem Beispiel aus der Technikerkundung. Übertrage diese Erkenntnisse auf ein Beispiel aus deinem Umfeld (z. B. Maschinennutzung im Haushalt).

8. Welchen Nutzen und welche Risiken hatte die Technikentwicklung für den Menschen am Arbeitsplatz? Erarbeite dies an einem Beispiel anhand von W-Fragen.

9. Moderne technische Arbeitsplätze benötigen viel elektrische Energie. Beschreibe, wie moderne Techniken und technische Entwicklungen zur Energiegewinnung beitragen.

10. Begründe an Beispielen, wie moderne Technik Energie sinnvoll nutzt. Schreibe folgenden Satz ab und ergänze ihn:
Technik- und Energieeinsatz muss nicht nur ..., sondern auch ... und ... sein.

11. Warum verändern technikgeleitete Arbeits- und Herstellungsprozesse die Arbeitsplätze? Beschreibe und beurteile an einem Beispiel, wie sich der Wandel in der Technik auf den Wandel beim Herstellungsprozess und auf die Rolle des Menschen auswirkt.

12. „Vom Handwerker zum Bediener zum Überwacher zum Programmierer". Erkläre dies anhand der Fotos.

13. Begründe, warum in der rechten Grafik der Mensch nicht mehr im Mittelpunkt steht. Formuliere dazu eine Erklärung.

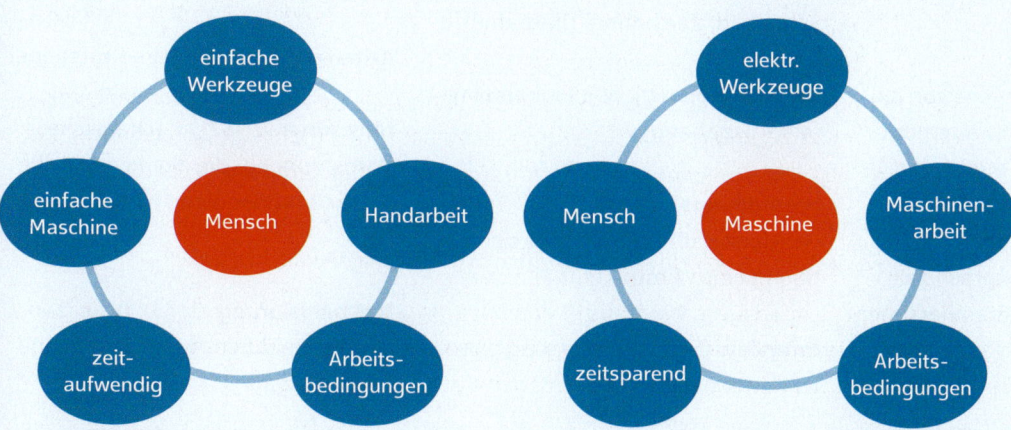

14. „Maschinen ersetzen nicht das Können". Erkläre und begründe diese Aussage an einem Beispiel.

15. Erstelle für eine Lernkartei Karteikarten, in der du folgende Begriffe an einem Beispiel erklärst: Werkzeuge, Maschinen, Mechanisierung, Automatisierung, Automaten, Handfertigung, Maschinenfertigung, Arbeitsprozess, Herstellungsprozess.

Glossar

Abonnement (S. 72): = Abo, Verpflichtung, für eine bestimmte Dauer (z. B. 1 Jahr) regelmäßig gegen Bezahlung etwas abzunehmen.

Arbeitsprozess (S. 91): arbeitsteiliges Zusammenwirken von Mensch und Technik bei der Herstellung von Produkten.

Aspekt (S. 65): Gesichtspunkt, Blickwinkel.

Automatisierung (S. 97): selbsttätiger Ablauf von mehreren Arbeitsvorgängen bei Maschinen, die durch Computer gesteuert werden.

Cartoon (S. 51): Zeichnung, die ein ernstes Thema witzig darstellt.

Design (S. 30): sprich „Disain", Aussehen, Gestaltung eines Gegenstandes.

Detail (S. 70): anderes Wort für Einzelheit.

Dienstleistung (S. 80): eine von anderen Menschen für uns übernommene Tätigkeit. Meist müssen wir dafür etwas bezahlen.

Diskussion (S. 86): Gespräch zwischen zwei oder mehreren Personen zu einem Thema. Jede Person bzw. jede Gruppe vertritt ihre Argumente (Ansichten) und trägt ihren Standpunkt überzeugend vor.

Ergonomie (S. 30): untersucht, wie die Arbeitsplätze und Arbeitsgeräte gestaltet sein müssen, damit sie für die arbeitenden Menschen sicher sind und ihre Gesundheit nicht gefährden. Sie sind an die Eigenschaften des Menschen angepasst.

Experten (S. 64): Fachleute, Sachverständige, also Menschen, die sich mit einem Thema sehr gut auskennen.

Exponate (S. 94): Ausstellungs- bzw. Museumsstücke.

Eyecatcher (S. 35): Etwas, was das Auge gefangen nimmt, wo man einfach hinschauen muss z. B.: Foto, Grafik, Symbol, einzelner Begriff.

Gewerkschaften (S. 20) vertreten die Interessen der Arbeitnehmer, handeln Löhne und Arbeitsbedingungen mit den Arbeitgebern aus.

Girokonto (S. 50): Konto bei einer Bank oder Sparkasse zur elektronischen Abwicklung von Einnahmen und Ausgaben.

Grafik (S. 54): anderes Wort für Schaubild, Zeichnung, Diagramm.

Haushaltsplan (S. 59): Einnahmen- und Ausgabenplan.

Herstellungsprozess (S. 91): Verlauf der Herstellungsschritte bei der Fertigung eines Produkts.

Interview (S. 55): „Befragung", (interviewen = befragen).

Jobkiller (S. 85): Roboter und Computer ersetzen und übernehmen menschliche Arbeitsplätze.

Karriere (S. 39): erfolgreicher Aufstieg im Beruf.

Kaufkraft (S. 56) gibt an, wie viel man sich für einen bestimmten Geldbetrag kaufen kann.

kommunikativ (S. 41): es fällt dir leicht mit anderen Menschen in Kontakt zu kommen und mit ihnen zu sprechen.

Konsum (S. 60): Verbrauch, konsumieren: verbrauchen.

Konsument (S. 56): Verbraucher,

kontra (S. 86): lateinisch, „gegen etwas sein".

kooperieren (S. 41): mit anderen auf ein Ziel hin zusammenarbeiten.

Koordination (S. 40): Fähigkeit, Bewegungsabläufe optimal aufeinander abzustimmen.

Kreativität (S. 41): Fähigkeit, phantasievoll etwas vorher nicht da gewesenes, originelles Neues zu erschaffen.

Kriterien (S. 62): Regeln, Prüfsteine.

Maschinen (S. 82): mechanische Vorrichtungen, die die menschliche Muskelkraft ersetzen oder vermindern.

Mechanisierung (S. 83): Arbeitsvorgänge, die durch Maschinen ausgeführt werden.

Modelle (S. 94): meist im Maßstab nachgebaute Abbilder von Objekten.

objektiv (S. 42): unvoreingenommen, ohne Beeinflussung von außen, neutral.

ökologisch (S. 63): umweltbewusst, auf die Umwelt achtend.

ökologische Verantwortung (S. 32): Verantwortung für den Schutz und die Bewahrung der Umwelt. Es soll möglichst auf alles verzichtet werden, was die Umwelt belastet oder gefährdet.

Paragraf (S. 67): ein Abschnitt in einem Gesetzbuch, §.

pro (S. 86): lateinisch, „für etwas sein".

Prognose (S. 10): Vorhersage, Vorausberechnung.

Prozent (S. 8): 36 % heißt: 36 von 100.

recherchieren (S. 92): Informationen zu einem bestimmten Thema zu beschaffen.

Rollenkarte (S. 18): Hier werden die Eckdaten der Person beschrieben, ihre Einstellungen zur Situation und ihre Zielvorstellungen. Die Rollenkarte gibt vor, wie die Person gespielt werden soll.

Serifen (S. 36): Kleine Querstriche, die das Ende von Buchstaben abschließen.

Single-Haushalt (S. 8): Einpersonenhaushalt, single heißt einzeln.

Solidarität (S. 20): Menschen sind füreinander da: Einer für alle, alle für einen.

Staatliche Verbraucherzentralen (S. 61) informieren, beraten und unterstützen die Verbraucher.

Stiftung Warentest (S. 61): bietet dem Verbraucher durch Tests von Waren und Dienstleistungen eine unabhängige Unterstützung an.

Szene (S. 18): Spielausschnitt in einem Theaterstück oder in einem Film.

universell (S. 99): allgemein, vielseitig.

Wärmepumpe (S. 99): Maschine, die die Restwärme z. B. von Luft, Erde oder Wasser unter Einsatz von Energie ausnutzt und auf höhere Temperaturen bringt, sodass sie z. B. für die Heizung genutzt werden kann.

Werkzeuge (S. 82): Hilfsmittel, die zur Herstellung und Bearbeitung eines Werkstücks benötigt und verwendet werden.

Windkraftanlagen (S. 98): nutzen die Kraft des Windes am Meer oder die der Luftströmung, die in großen Höhen über dem Boden herrscht.

Stichwortverzeichnis

Arbeitsaufgabe 22
Arbeitsplatzerkundung 23
Arbeitsteilung 26
Ausgaben 53

Bedürfnisse 60

eigene Fähigkeiten 40 f.
eigene Interessen 39 f.
Einnahmen- und Ausgabenplan 58
Einpersonenhaushalt 8, 12 f.
Energie 96 f.
Ergonomie 30 f.
Erwerbsarbeit 19

Geschäftsfähigkeit 66 ff.

Handarbeit 82
Handwerker 82 f.
Haushalt 8 ff.
haushalten 21
Haushaltsplan 59

Jugendschutz 74 ff.

Kaufvertrag 70 f.
Konsument 56 ff.

Maschinenarbeit 83
Mechanisierung 83
Mehrgenerationenhaushalt 11
Mehrpersonenhaushalt 9, 14 f.
Museum 94 f.
M-Zug 45

Nichterwerbsarbeit 19 f.

Ökologie 32 ff.
Online-Geschäft 72 f.

Schulabschlüsse 44
Selbsterkundungsbogen 43

Taschengeld 50 ff., 64 f.
Technikentwicklung 96 f.
Technikerkundung 90 ff.

Verbraucherzentrale 61

Willenserklärung 71

Zweipersonenhaushalt 10

BILDQUELLENVERZEICHNIS

A1PIX - Your Photo Today, Ottobrunn: Marco_Polo 53 Mi.; PHANIE/Burger 52 re.
action press, Hamburg: SIPA/Berbert, B. 70 o.li.
adidas AG, Herzogenaurach: 68 o.li.
akg-images GmbH, Berlin: 80 Mi., 81 u.li., 83 o.li., 83 u.re., 91 o.Mi., 95 2. v.o., 96 o.li.; Ballhause, Walter 80
alamy images, Abingdon/Oxfordshire: Jaubert Bernard 62 o.re.; Juice Images 61 re.
Anders ARTig Werbung + Verlag GmbH, Braunschweig: 33 o.li., 33 o.re.
Auto & Technik MUSEUM SINSHEIM, Sinsheim: 94
Baaske Cartoons, Müllheim: Burkhard Bütow BUZZ'Z 29; Mester, G. 29 u.; Rauschenbach, E. 29 o.; Schwalme, R. 65 u.
Bad Hindelang Tourismus, Bad Hindelang: Wolfgang B. Kleiner 94 o.Mi.
Bildarchiv Werner Bachmeier, Ebersberg: 101 re.
bpk–Bildagentur, Berlin: Katz, Dietmar 95 2. v.u.
Bridgeman Images, Berlin: 82 o.li.
Colourbox.com, Odense: 69 o.li.; Kierstein, Martin 84 u.
Daimler AG, Stuttgart: 84 Mi.
ddp images GmbH, Hamburg: Latz, M. 91 u.
Druwe & Polastri, Cremlingen/Weddel: 62 o.re., 84 o.re.
ecopix Fotoagentur, Berlin: Spiegl 97 u.li.
F1online digitale Bildagentur GmbH, Frankfurt/M.: Imagebroker/Niehoff, Ulrich 4, 48 u.; Paul 39 li.
Fabian, Michael, Hannover: 46 Mi., 47 Mi., 84 o.li.
Fahle, Jutta, Dortmund: 69 o.re.
fotolia.com, New York: 279photo 73 re.; alexkich 14 o.li.; Antonioguillem 8 o.li., 13 Mi., 13 u.; Armstrong, Cello 78 o.re.; Atkins, Peter 26 o.re.; Bartussek, I. 11 o.Mi., 14 u.li., 60 o.li.; Barussek, I. 31 li.o.; bombybamby 22 u.Mi.; Branko Srot 81 u.re.; coldwaterman 22 o.li.; contrastwerkstatt 9 o.re., 39 re., 52 li., 69 u.re., 70 u., 74 o.li.; Coprid 31 re.u.; crazypixels20 16 re.; DaMonk 60 u.re., 77; Danomyte 96 o.re.; Davidus 13 o.li.; digender 13 o.Mi.; doncarlo 33 u.li.; doomu 67 o.; Dörr, M. 20 u. re.; drsg98 81 o.re.; Edenwithin 23 u.; ehrenberg-bilder 101, 101 Mi.; Eisenhans 12 o.re.; endostock 30 o.re.; Eppele, Klaus 9 o.li., 15 li.u., 15 re., 73 Mi.; exclusivedesign 32 o.re.; eyetronic 98 o.li.; Fancellu, Sebastian 19 re.; Fey, M. 22 u.Mi.; fotoknips 14 Mi.re.; gemenacom 90 o.Mi.; Gladskih, Tatyana 27 o.re.; goldbany 50 o.re.; goodluz 6 o.re.; Goygel-Sokol, Dmitry 36; Graf,
Marius 19 o. 2. v.li.; grafikplusfoto 6 o.li.; Haas 69 u. li.; helix 26 o.li.; Herrndorff, M. 81 Mi.re.; highwaystarz 42 (3), 42 1, 42 2, 43; industrieblick 4, 78 4 u. + 78 u., 90 o.li., 97 o.li.; Johannsen, M. 80 u.; johnnypicture 68 Mi.re.; juniart 72 Mi.; Kempf, Michael 11 o.li.; Khvost 60 u.li., 77; Kitty 9 o.li.; Kneschke, Robert 32 o.li., 48 o.li., 71 li.; Kzenon 66 o.re., 70 o.Mi., 78 o.li., 95 u.; Losevsky, P. 56 o.re.; lumen-digital 98 u.re.; macgyverhh 60 o.re.; Mainka, M. 51 li., 64 u.; Merkulov, A. Titel li.o.; Meyer, W. 75 re.; mma23 47 li.; MNStudio 70 o.re.; moonrun 22 o.Mi.; Müller, M. 66 o.li.; Nik 22 u.re.; olgavolodina 66 u.Mi.; oliver-marc steffen 16 Mi.; pdesign 72 4, 72 u. (2); photo 5000 66 u.li.; Photographee.eu 59 (3), 59 1, 59 2; Phototom 22 o.re.; Picture-Factory 24 u., 27 o.li.; Pixel & Création 99 o.li.; Pixxs 38 re.; Popov, Andrey 72 re.; Race, Dan 50 o.Mi.; radmila85 40 u., 41, 41; Rodriguez, A. 66 u.re.; Sanders, Gina 19 o.li., 24 Mi., 68 u., 71 Mi.; Schittenhelm, E. 98 u.li.; Schlierner 64 o.; Schuppich, M. 60 Mi.li., 77; Schwier, C. Titel re.; Schwier, Christian 55 o.; Sergeyeva, H. 31 li.u.; Shestakoff 52 Mi.; silent_47 72 re.; Steiner, C. 12 o.li.; Stieber 40 o.li.; stockpics 63 re.; Syda Productions 73 li., 74 o.Mi.; Tanja 12 u.; ThorstenSchmitt 25 u. li.; tom_nulens 44 Mi.; VadimGuzhva 67 u.; vege 48 o.re.; Visions-AD 98 Mi.re.; Visual Concepts 74 o.re.; Wendler, Joachim 56 o.li.; wildworx 3, 38 3 u. + 38 li., 41 Mi., 66 o.Mi.; Woodapple 86; xalanx 30 u.re.; yunava1 12 o.Mi.
Getty Images, München: Canopy 30 o.li.; Gorton, S. 22
Griese, Dietmar, Laatzen: 55 3
Hammersen, Bettina, Braunschweig: 93 u.re.
Haun, Friedrich, Borken: 53 re.
Hofemeister, Uwe, Diepholz: 35 o.
Hüter, Michael, Bochum: dguv-llug arbeit-fuer-schueler 51 re.
Image & Design - Agentur für Kommunikation, Braunschweig: 27 u.
Imago, Berlin: Tack, Jochen 75 li.
iStockphoto.com, Calgary: donald_gruener 24 o.; gprentice 98 o. li.; JackF 50 o.li.; Jennifer Photography Imaging 44 o.; JohanJK 68 Mi.li.; lisafx 10; omgimages 41 re.; PeopleImages 3, 6 3 o. + 6 u.
Kietz, Felix, Riegel: 35 u.
Kronfeldner, Hans, Nittendorf: 87, 93 u.li.
Langner & Partner Werbeagentur GmbH, Hemmingen: 76
Marckwort, Ulf, Kassel: 45, 45 (2)
mauritius images GmbH, Mittenwald: Umstätter, Uwe 46 li.
mediacolor's Fotoproduktion, Zürich: dia 26 u.
Mizzi, Angelo, Buxtehude: 83
Moser, J., Amberg: 88 1, 88 2, 88 4, 88 5, 88 6, 88 7, 88 8, 88 86/87 (16), 89 1, 89 2, 89 3, 89 4, 89 5, 89 6, 89 7, 89 8, 99 o.re.
OKAPIA KG - Michael Grzimek & Co., Frankfurt/M.: Telner, J. 31 re.o.
Panther Media GmbH (panthermedia.net), München: 123branex 97 o.Mi.; Koscheck, David 34 li.; Lammeyer, T. 30 u.li.; mandygodbehear 74 Mi.; Mülle, J. 60 Mi.re., 77; Neudert, Kati 23 o.; Nothaft, Liane 31 li.Mi.; Rieck, Walter 98 Mi.li.; Trautmann, Arne 41 li.; Wavebreakmedia 8 o.Mi.
Peterhoff, Frank Dr., Lenggries: 93 o.
Picture-Alliance GmbH, Frankfurt/M.: 82 2, 95 o., Brakemeier, T. 68 o.re.; Büttner, J. 61 li.; dpa-infografik 8 u., 10 u.li., 20 u. li., 34 re., 53 u., 56 u., 57 u., 65 o., 74 u.; dpa/Führer, Marcus 75 2; GAG Immobilien AG 99 o.Mi.; Hase, T. 71 u.; landov 85 o.li.; Schierenbeck, J. 53 li.; Tittel, H. 46 re.; Weihrauch, R. 40 o.re.; Westend61/noonland 33 u. re.; ZB/ Büttner, J. 96 o.Mi.; ZB/Gambarini, M. 90 o.re.; ZB/Hirndorf, H. 83 u.re.; ZB/ Bachmann, N. 94 o.re.; ZB/Pleul, P. 80; ZB/Thieme, W. 85 o.re.; ZB/Thieme, Wolfgang 91
RAL gGmbH Deutsches Institut für Gütersicherung und Kennzeichnung e.V., St. Augustin: 32 u.
Schulten, Rolf, Berlin: 39 Mi.
Schuster, H., Köln: 55 Mi.
Schweizerisches Sozialarchiv, Zürich: 85 u.
Science & Society Picture Library, Berlin: SSPL/NMeM/Kodak Collection 81 o.li.
Shutterstock.com, New York: jojje 64 u.; Luckies 69 Mi.; racorn 25 u. re.; riccar 13 o.re.; T-Design 40 o.Mi.; tcly 97 u.re.; wavebreakmedia 57 o., 63 li.; wititorn onkhaw 58 u.
Stiftung Warentest, Berlin: 61 Mi.
stock.adobe.com, Dublin: schulzie 34
Tegen, Hans, Hambühren: 22 u.li.
Teküve, Rita, Essen: 97 o.li.
Thinkstock, Sandyford/Dublin: Oli_Trolly Titel li.u.
toonpool.com, Berlin, Castrop-Rauxel: Prüstel, Andreas 28; Rovey 96 u.
ullstein bild, Berlin: 81 Mi.li., 83 o.re., 91 o.li.; Fishman 94 u.; Granger, NYC 82 3, 82 4
vario images, Bonn: 19 o. 2. v.re.
Wefringhaus, Klaus, Braunschweig: 8 o.re., 9 u.re., 10 o.re., 10 u.re., 11 o. re., 14 Mi.li., 14 o.re., 14 u.re., 15 li.o., 16 li., 19 u.